만만하지 않은 한마디

어떤 말에도 밀리지 않는 사람이 성공한다

만만하게 않은 한마디

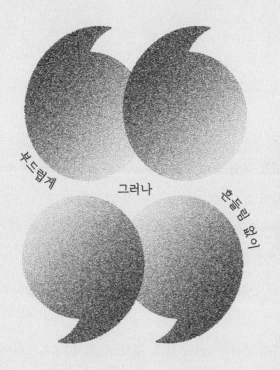

부드럽게
그러나
단호하게 말하으

쓰카사 타쿠야 지음 ― 김슬기 옮김

지웅책방

—

불리한 상황에서도 당당하게 할 말 하는 '나'

'어떻게 하면 상대의 말을 더 잘 되받아칠 수 있을까? 조금이라도 잘 대꾸하면 스트레스를 덜 받을 텐데…….'

당신에게 듣기 싫은 소리나 모욕적인 말을 하고, 무시하거나 정신적으로 학대를 가하는 사람들에게는 속 시원하게 말로 받아치고 싶은 마음을 누구나 경험해보았을 것입니다.

상대가 상사나 동료, 고객, 부모, 친척, 배우자처럼 끊으려야 끊을 수 없는 존재라면 고민은 더 깊어집니다. 쉽게 벗어날 수 없기 때문입니다.

결국 하고 싶은 말은 하지도 못하고 듣기만 하다 끝나 버리면 스트레스만 계속 쌓여갈 뿐입니다.

이 책의 목적은 단 하나입니다.

'상대의 말을 효과적으로 되받아치지 못하는' 당신의 고민을 풀어주는 것입니다.

이제는 상대의 부당한 말에 아무 대꾸도 하지 못하고 듣기만 하는 일은 없을 것입니다.

상사나 동료, 고객의 불합리한 명령이나 요구, 무례한 말을 잘 되받아치면서도 어떤 미움이나 반발을 불러일으키지 않는 대화법을 자세히 소개합니다.

관계를 깨뜨리지 않고 맞대응하기

'되받아친다'는 말을 들으면 어떤 이미지가 떠오를까요?

'상대방의 논리를 무너뜨린다', '상대방을 제압한다', '내 주장을 관철한다'와 같은 모습을 떠올리는 사람도 있을 것입니다. 하지만 그러한 모습을 실현하는 것은 이 책의 목표가 아닙니다.

직장 내에서 부딪힐 수밖에 없는 사람들이나 고객과 같이 관계를 끊으려야 끊을 수 없는 사람들이 있습니다. 그들에게 호감을 얻고 싶은 건 아니지만 미움을 받으면 골치가 아픈, 이른바 '성가신 관계'가 있죠. 그런 사람들과 어쩔 수 없이 소통해야 하는 경우에 도움되는 커뮤니케이션 기술을 소개합니다.

'내 생각을 논리적으로 전달하면 상대가 충분히 받아들인다'와 같은 주장을 하는 책들이 있습니다. 하지만 이것은 어디까지나 이상적인 이야기일 뿐이죠. 사실상 의도적으로 공격적인 말을 퍼붓는 상대에게는 아무리 뛰어난 논리로 대화한들 도무지 해결되지 않습니다.

왜냐하면 인간은 기본적으로 감정을 가진 동물이기 때문입니다. 평소에는 논리적으로 생각하고 말하는 사람도 감정이 앞서면 이성적인 대화가 불가능합니다.

특히 인간관계가 파괴되는 걸 두려워하지 않아도 될 정도로 높은 위치에 있는 사람이거나, 기가 세고 말을 잘하는 상대라면 아무리 논리적으로 말해도 오히려 반격을 당하고 궁지에 몰리는 경우가 대부분입니다.

"거리를 두면 되죠. 무슨 말을 하든 관심을 두지 말고 무시하면 돼요"라고 말하는 사람도 있을 것입니다. 하지만 끊으려야 끊을 수 없는 관계에서 그런 태도를 취하기란 결코 쉽지 않습니다.

이 책은 상대방이 공격적으로 나와도 '동요하지 않는 것처럼 보이는 화법', '포커 보이스 & 토크'를 익혀서 상대방의 공격에 대응하고, 조금이라도 되받아쳐서 폭력적인 상대에게 휘둘리지 않는 법을 알려줍니다.

이 책을 읽으면 다음과 같은 이점을 얻을 수 있습니다.

· 내 의견을 말할 수 있게 되어 나 스스로를 존중하고 자존감을 지킬 수 있다.
· 하고 싶은 말을 할 수 있게 되어 억눌려 있던 감정이나 스트레스를 완화할 수 있다.
· 나의 의견이나 감정을 확실하게 전달함으로써 주변 사람의 지지나 공감을 얻기 쉽다.
· 상대방의 말을 되받아침으로써 내 의견을 확실하게 표현하고 문제 해결 능력도 향상된다.
· 나를 지키기 위한 말이나 태도를 몸에 익혀 다른 상황에서도 대처할 수 있다.

- 나의 의견이나 감정을 중시함으로써 스스로를 소중히 여기는 마음 자세를 갖게 된다.
- 되받아치는 모습을 통해 다른 사람에게 괴롭힘을 당했을 때 대처할 수 있는 사람이라는 것을 보여준다.
- 괴롭힘이나 곤란한 상황에 맞섬으로써 스스로 성장하는 기회를 얻을 수 있다.

상대방의 말을 듣기만 하다가 끝나는 것이 아니라 상대방에게 미움받지 않으면서 할 말은 다 하고, 더 나아가 부차적인 이점도 손에 넣을 수 있습니다.

단순히 '되받아치는 법'을 알려주는 책은 지금까지 많이 출간되었습니다. 그런데 왜 실제로는 속 시원하게 해결되지 않는 걸까요? 그 이유는 4가지 고정관념 때문입니다.

고정관념 1
논리적으로 알아듣기 쉽게 말하면 상대가 이해한다.

당신보다 절대적으로 우위에 있는 사람은 자신의 생각이 무조건 옳다고 믿습니다. 설령 당신이 옳은 의견을 제시해도 "그건 별로 중요하지 않아. 그냥 시키는 대로 해!"라고 말합니다. '알기 쉽게 논리적으로 말하는 방법'만으로는 대적할 수 없습니다.

고정관념 2
껄끄러운 상대와는 말을 섞지 않고 거리를 두면 된다.

가능한 대화를 적게 한다는 것이죠. 평소에 무관심과 과묵한 태도로 일관하며 꼭 필요한 말만 하면 문제없다고 생각합니다. 그 자리를 벗어나고 싶을 때 곧바로 벗어날 수 있는 상황이라면 이런 방법이 효과가 있을지도 모릅니다.

하지만 매일, 그리고 장기적으로 얼굴을 마주해야 하는 등 긴밀한 관계를 유지할 수밖에 없는 상황이라면 그러한 태도는 상대방이나 주변 사람에게 '무례하고 기분 나쁜 사람', '상대에 따라 태도가 달라지는 사람'으로 비쳐져 좋은 평가를 받지 못합니다.

회사에서 특정 사람에게 무관심하게 거리를 두는 것은 부자연스럽습니다. 회사 규모가 작거나 사무실 공간 자체가 작다면 거리를 두고 접촉 횟수를 줄이는 것이 물리적으로 거의 불가능합니다.

고정관념 3
되받아칠 말과 사례를 통째로 외워서 실전에 활용하면 된다.

실제 상황에서 그대로 활용해서 효과를 얻기가 생각만큼 쉽지 않습니다. 모기 소리처럼 작은 목소리와 굳은 표정으로 의견을 말하면 아무것도 전해지지 않습니다. 어떤 목소리와 표정으로 전달할지 확실히 생각하고 활용하지 않으면 오히려 역효과를 일으킵니다.

또한 수십, 수백 가지 대화 패턴을 암기해도 정작 실전에서 떠오르지 않으면 아무런 의미가 없습니다.

고정관념 4
당한 만큼 갚아주면 그만이라고 생각한다.

미시건대학교의 로버트 액셀로드(Robert M. Axelrod) 교수가 했던 실험을 소개하겠습니다. 그는 실험 참가자들에게 경쟁 게임을 시켰습니다. 가장 성적이 좋았던 팀은 상대방이 협조하면 똑같이 협조하고, 공격하면 똑같이 공격했다고 합니다. 이처럼 단순하게 싸운 팀이 가장 좋은 성적을 기록했습니다.

이것은 이른바 '눈에는 눈, 이에는 이 전략(tit for tat)'입니다. 즉, 당하면 그대로 갚아주는 것이죠. 다만, 이것을 현실에서 실제로 적용하는 데는 어려움이 있습니다.

당했을 때 갚아주려면 상대가 자신과 대등하거나 그보다 아래 혹은 그에 가까운 위치에 있어야 합니다. 절대적인 강자한테는 할 수 없는 것이죠.

직장 상사나 고객과 같이 관계를 끊으려야 끊을 수 없는 상대, 즉 미움받으면 업무 자체가 힘들어지는 '성가신' 관계에서는 거의 효과를 거둘 수 없습니다.

공격적인 말에 대처하는
3가지 패턴

되받아치는 방법이나 커뮤니케이션 요령은 대체로 개개인이 처한 상황이나 상대에 따라 다릅니다. 일반적인 방법에만 의지하지 말고 각자의 경험이나 느낀 점을 잘 활용해서 유연하게 대응하는 것이 중요합니다.

이때 필요한 핵심적인 능력은 다음 3가지입니다.

상대의 의도 파악하기

게임 공략집이 있으면 게임을 정복하는 데 걸리는 시간을 대폭 단축할 수 있습니다.

직장 내에서 동료를 괴롭히는 사람들의 공격은 우리를 불안이나 공포로 몰아넣습니다. 그 공격의 진의나 목적을 이해하면 두려움은 줄어들고 침착하게 대처할 수 있습니다.

오래전부터 전해 내려오는 일본 속담 중에 '강목팔목(岡目八目)'이라는 말이 있습니다. 바둑을 두는 사람보다 구경꾼이 여덟 수 앞을 내다본다는 뜻입니다. 제삼자가 사태의 진의나 이익과 손실을 당사자 이상으로 명확하게 파악할 수 있다는 것입니다. 상대방의 속셈을 파악하면 아무것도 두려울 것이 없습니다.

'무력화 능력'을 익히면 상대의 공격이나 의도를 냉정하게 분석하고 두려움 없이 맞설 수 있습니다.

상대의 공격 패턴을 파악하고, 공격으로부터 나를 지키는 방법을 아는 것이 중요합니다.

상대방은 당신이 반론하지 못하도록 심리적 수법을 구사합니다. 이것은 의식적으로 구사하는 기술이거나 아주 오랜 경험으로 습득해 무의식적으로 나오는 말과 행동일지도 모릅니다. 이 같은 괴롭힘 수법의 구조를 이해하면 아무것도 두려울 것이 없습니다.

공격적인 발언 무너뜨리기

격투기에서 사용되는 '카운터'라는 기술은 상대가 공격하려는 찰나에 재빨리 반격하는 것을 말합니다. 이 책에서 소개하는 기술의 목적은 상대와 싸워서 완전한 승리를 손에 넣는 것이 아닙니다. 불필요한 반격으로 오히려 더 강한 반발을 불러일으키는 상황은 누구나 피하고 싶을 것입니다.

우선 카운터 기술처럼 상대의 공격적인 태도를 애초에 누그러뜨리는 데 효과적인 방법을 소개합니다.

당신을 공격하는 대부분의 사람들은 대체로 스스로에 대해 불안감을 느끼고 자기긍정감이 결여된 경우가 많습니다. 겉으로는 공격적인 사람처럼 보여도 사실은 무척 취약한 것입니다.

그런 사람들의 말에는 과도하게 반응하거나 공격적인 태도를 취해서는 안 됩니다. 불필요하게 부정적인 감정을 증폭시킬 수 있기 때문입니다.

본질적으로 당신은 타인을 공격하는 사람이 아니라는 점

을 염두에 두세요. 상대의 악의에 전염되어 스트레스를 증가시키는 것은 곧 소중한 인생을 허비하는 행동입니다.

상대의 공격에 세련된 말과 목소리로 현명하게 되받아치는 법을 배워야 합니다. 여기서는 이것을 포커 토크와 포커 보이스라고 부릅니다.

포커 토크(poker talk)란 상대가 불안이나 두려움을 느끼지 않게 말하는 기술입니다.

대화하다가 공격적인 말이 날아오는 순간, 그 자리에서 명확하게 되받아치는 것을 '카운터 기술'이라고 부릅니다. 이 카운터 기술의 핵심은 다음 3가지 기본 패턴입니다.

1 받아들이기
2 되묻기
3 받아들이고 되묻기

언뜻 다양한 대응 방법이 필요해 보이지만, 실제로는 이 3가지 패턴만 잘 구사하면 대부분의 공격적인 말에 대처할 수 있습니다.

상대의 말을 되받아치는 수많은 방법 중에서 가장 적절

한 것을 골라 사용해야 하는데, 그것들을 모두 기억해두었다가 실제 상황에서 즉시 활용하기란 결코 쉬운 일이 아닙니다.

우선 '포커 토크'의 3가지 기본 패턴을 확실히 익혀야 합니다. 그런 다음 그것들을 토대로 7가지 대응 방식(3장의 템플릿)을 마스터하는 것을 목표로 삼아야 합니다.

7가지 대응 템플릿은 실제 대화에서 쉽게 응용할 수 있고 상대방의 공격성을 누그러뜨리는 데 효과적입니다.

다시 한 번 말하지만, 이 책의 목적은 상대를 완벽하게 이기는 것이 아닙니다. 공격적인 말을 교묘하게 받아넘기고 똑똑하게 반응하는 법에 중점을 두고 있습니다.

이 7가지 대응 템플릿을 효과적으로 활용하면 상대방이 당신을 적대시하는 일이 점차 줄어듭니다.

포커 토크에서 중요한 것이 포커 보이스입니다. 포커 보이스(poker voice)는 포커페이스와 같은 개념입니다. '내가 느끼는 불안이나 공포를 상대방에게 들키지 않는 목소리 톤이나 발성법'을 말합니다. 목소리와 말투는 얼굴 표정과 마찬가지로 그 사람의 성격이나 마음 상태, 자신감의 정도를 나타냅니다.

두려운 감정을 숨기지 못하고 '있는 그대로'의 목소리나 말투로 공격적인 상대를 마주하면, 당신의 심리 상태는 금세 들통나고 맙니다.

포커 보이스를 활용해서 '목소리'와 '말투'를 연출하면 당신의 감정이나 생각을 상대방에게 들키지 않을 수 있습니다.

포커 토크에서 소개하는 어휘의 수는 그리 많지 않습니다. 제한된 어휘로 대화를 한다고 하면 조금 걱정될지도 모릅니다.

하지만 걱정할 필요 없습니다. 포커 보이스와 함께 사용하면 상대는 당신을 만만하게 여기지 않을 뿐 아니라 한 수 위의 존재 혹은 자기보다 더 강한 상대라고 여기고 더 이상 공격하지 않게 됩니다.

> **포커 토크**
> **+**
> **포커 보이스**   ⇨   **공격하기에 만만하지 않은 상대**

상처받지 않는 강인한 마음

'무력화 기술'이나 '카운터 기술'은 모두 타인의 공격에 대처하기 위해 필요한 것입니다. 다시 말해서 이것은 '두통이 생기면 진통제를 먹는 것'과 비슷한 대응입니다. 증상을 일시적으로 억누르기 위한 대증적 요법에 불과합니다.

그러나 공격이나 압력이 수차례 반복된다면 언젠간 당신의 정신이 더 이상 견디지 못할 것입니다.

그럴 때는 어떻게 해야 할까요?

'공격 자체를 애초에 무섭다고 느끼지 않는 강인한 마음을 기르는 것'입니다. '멘탈을 강화하는 능력'을 익히면 다른 사람에게 공격당하거나 압박을 느끼더라도 타격을 받지 않습니다.

그럼 멘탈을 강화하는 능력은 어떻게 길러야 할까요?

그 첫걸음은 '마음의 고통을 느끼는 이유'를 이해하는 것입니다. 그리고 이미 경험한 마음의 고통이나 상처를 어떻게 치유할지에 대해 생각해야 합니다.

다른 사람의 말이나 태도에 영향을 받지 않고 내 안의 평온을 지키는 기술은 분명 방패가 되어 당신을 지켜줄 것입니다.

1장

어떤 말에도
굴하지 않는 마음

2장

공격적인 심리를
무너뜨리는 한마디

3장

대화의 흐름을
1초 만에 바꾸는 7가지 패턴

4장

한마디의 효과를 높여줄
목소리와 태도

"당신에게 던져진 말들은
당신의 허락 없이는 당신에게 상처 줄 수 없다."

엘리너 루스벨트
Eleanor Roosevelt

1장

어떤 말에도
굴하지 않는 마음

만만하지 않은
상대로 보이는 것이
중요하다

공격적인 말로 타인을 괴롭히는 사람들은, 어떤 특징을 가진 사람들을 그 대상으로 고르는 경향이 있습니다. 모든 사람들을 똑같이 대하는 것이 아니라 표적을 정하고 행동하는 것입니다.

공격의 대상으로 선택되기 쉬운 사람들의 특징은 다음과 같습니다.

· 반론하지 않는 사람
· 비난이나 공격을 받으면 자신에게 잘못이 있다고 받아

들이는 사람

· 지나치게 솔직한 성격을 가진 사람
· 입이 무거운 사람
· 상황을 있는 그대로 받아들이는 사람

이러한 특징을 가진 사람들은 괴롭힘을 당할 위험이 높습니다.

이 점을 인식하고 스스로에 대해 분석하는 것은 예방책을 생각할 때 꼭 필요한 과정입니다. 괴롭힘을 당했을 때 즉시 대응하기가 쉽지는 않지만, 의식적으로 행동을 개선하는 것이 중요한 첫걸음입니다.

공격하기 쉬운 특성을 가지지 않은 척 연기하는 것부터 시작하는 것도 하나의 방법입니다. 자신의 성향과 상황을 충분히 이해하면 더 효과적인 대응책이나 예방 수단을 찾는 데 큰 도움이 됩니다.

그럼 이제 스스로에 대한 인식을 심화하고 행동을 어떻게 변화시켜야 하는지에 대해 구체적으로 살펴보겠습니다.

왜 나는 할 말 못 하고
돌아서서
후회하는 걸까?

우선 자신의 내면에 숨어 있는 행동 심리 요인을 이해해야 합니다.

상대의 공격적인 말에 반론할 수 없는 이유는 우리 마음에 '반론 브레이크'라는 메커니즘이 존재하기 때문입니다. 이 메커니즘이 작동할 때 8가지 행동 심리 중 하나 혹은 여러 가지가 트리거(방아쇠)로 작용하게 됩니다.

반론할 수 없는 8가지 행동 심리는 다음과 같습니다.

1. 뭐라고 되받아쳐야 할지 모르거나 그 말이 입 밖으로

나오지 않는다 → **어휘력 부족**

2. 말이 마음속에만 맴돌 뿐 목소리가 밖으로 나오지 않는다 → **약해 보이는 목소리**

3. 자신의 위치를 지나치게 신경 쓴다 → **자격지심**

4. 스스로를 비난하고 자책한다 → **자기긍정감 부족**

5. 타인과 갈등을 일으키거나 상처를 주고 싶지 않다 → **회피하고 싶은 마음**

6. 미움받고 싶지 않다 → **남의 시선 의식**

7. 감정을 차단해버린다 → **무관심**

8. 애초에 포기해버린다 → **무기력한 심리**

그렇다면 8가지 행동 심리의 원인을 하나하나 알아볼까요?

어휘력 부족
"무슨 말을 해야 할지 떠오르지 않는다"

뭐라고 되받아쳐야 할지 모르거나 그 말이 입 밖으로 나오지 않는 가장 큰 이유는 어휘력 부족입니다.

다른 사람을 괴롭히는 사람은 주로 아무런 반응을 하지

않을 것으로 예상되는 상대를 골라서 공격합니다. 예를 들어 직장 내 괴롭힘에 직면했을 때 침묵을 택할 것 같은 상대를 늘 찾고 있습니다. 자기가 하고 싶은 말을 마음껏 해도 아무런 대꾸를 하지 못하는 상대일수록 공격하기가 쉽기 때문입니다.

그런데 우리는 폭력적인 언어 공격을 당했을 때 어떻게 대응해야 할지 교육받지 않았습니다. "혼자 끌어안지 말고 다른 사람에게 상담하세요"라는 조언을 듣는 것이 고작입니다. 애초에 상담을 해서 해결될 정도라면 그리 큰 문제가 아닐 것입니다.

그런 가운데 '괴롭힘에 직면했을 때 뭐라고 되받아쳐야 할지 모르겠다'고 고민하는 사람들이 정말 많습니다. 더구나 정당한 주장으로 반박해도 오히려 상대에게 무참히 당하고 말죠.

상대를 화나게 하지 않으면서 스트레스 없이 하고 싶은 말을 하려면 사전 준비가 필요합니다. 그래야만 실제 상황에서 즉각 대처할 수 있습니다.

약해 보이는 목소리
"주눅이 들어 목소리가 잘 나오지 않는다"

상대의 공격이나 비난에 반론하고 싶지만 말이 나오지 않는 상태를 가리킵니다. 말이 마음속에만 맴돌 뿐 목소리가 밖으로 나오지 않는 경우에는 목소리를 잃고 나서 비로소 소중함을 '깨닫는다'는 것을 알아야 합니다.

우리 인간은 커뮤니케이션의 기본이 되는 말을 통해서 의견이나 감정을 표현합니다. 그 말을 전달하는 '목소리' 역시 우리의 마음 상태나 의도를 표현하는 중요한 요소입니다.

다른 사람의 일방적인 비난이나 비판을 늘 견디기만 하는 사람은 반론하려는 순간 마치 목이라도 졸린 듯한 감각에 사로잡히기도 합니다. 할 말이 머릿속을 맴돌기는 하는데 그것을 전달하는 '목소리'를 내지 못하는 것입니다.

이런 현상이 반복되면 일상적인 대화조차 힘들어지고 소리를 낼 수 없는 상태가 지속되기도 합니다.

최근 이런 상태를 일으키는 '과긴장성 발성 장애'나 '경련성 발성 장애' 진단을 받는 사람이 늘고 있고, '어떻게든 해결하고 싶다'며 찾아오는 분들이 많습니다.

이 증상은 대부분 갑자기 극심한 스트레스를 받거나 트

라우마를 계기로 발생합니다.

자격지심
"맞대응할 자격이나 능력이 안 된다"

우리가 어떤 의견을 전달하고 싶을 때 가장 큰 적은 우리 안에 있습니다. 예를 들어 상사나 선배와 대화를 나누던 중 자신의 경험이 뒤떨어진다고 느껴 아무런 의견도 제시하지 못한 적은 없나요?

이러한 감정은 직장 내 괴롭힘을 당하지 않은 경우에도 생기곤 합니다.

우리 인간은 모두 평등합니다. 입장이나 경험과 무관하게 나만의 의견을 말할 권리가 있다는 것을 명심해야 합니다.

자기긍정감 부족
"내가 잘못한 것 같아서 할 말이 없다"

자기긍정감이 부족한 사람은 어떤 문제가 발생했을 때 대부분 '이건 내 탓이 아닐까?', '나 때문일지도 몰라'라고 자기반성을 시작합니다. 언뜻 성실하거나 겸손하기 때문이라고 여겨지지만, 정도가 지나치면 모든 일에서 자신을 비난하게 됩니다.

어릴 적 부모님이나 선생님에게 '변명하지 말라'는 말을 지속적으로 들으면서 자란 사람은 어른이 되어서도 여전히 그 상처가 남아 있습니다. 이것은 일종의 불합리한 비난으로, 저는 '죄책감 가방'이라고 부릅니다.

스스로를 비난하는 사고 습관을 가지고 있으면 타인에게 지독한 말이나 비난을 들었을 때 '내 탓이니까 어쩔 수 없다'며 정당화하고, '이건 당연한 결과다'라는 생각이 강해집니다.

그 결과 다른 사람에게 부당한 공격이나 비난을 받았을 때 자기 비난의 악순환에 빠져 스스로를 지키기 위한 말이나 행동을 취하지 못합니다.

회피하고 싶은 마음
"나 하나만 참으면 된다"

다른 사람이 큰 소리로 대화하는 모습을 보기만 해도 그들이 서로 상처를 주고 있다고 느낀 적이 없나요?

특히 가깝고 소중한 사람(부모님, 가족)들이 언쟁하는 모습을 보면서 자란 사람은 타인과 갈등을 일으키는 것을 꺼리고 늘 평화롭게 지내고 싶어 합니다.

타인에게 다정한 사람은 누군가에게 상처를 주는 행동을 어떻게든 피하고 싶어 하고, 불공평한 태도나 말에도 묵묵히 견딥니다. 나만 참으면 사태가 진정될 거라고 믿는 것이죠.

이러한 사람들은 계속 대립하기보다 한 발 물러서는 쪽을 택할 때가 많습니다. 과거에 고통을 경험했기 때문에 갈등을 일으켜서 다른 사람에게 상처를 주면 안 된다는 생각이 강하게 뿌리내리고 있는 것이죠.

하지만 다른 사람을 괴롭히는 사람이 보기에 그 다정함은 취약함으로 여겨져 공격의 대상이 됩니다.

이처럼 되받아치는 데 서툰 사람들은 '다 너를 위해서야', '경험치가 올라갈 거야'라는 명목하에 이용당하고, 혼자서는 도저히 해내지 못할 만한 일을 떠맡는 '열정 착취'를 당하기 쉽습니다.

만만하지 않은 한마디

남의 시선 의식
"항상 좋은 사람으로 남고 싶다"

인간관계를 맺는 과정에서 누구나 '미움받고 싶지 않다'는 마음을 갖고 있습니다.

특히 타인의 평가를 신경 쓰고, 늘 타인의 시선을 의식하는 사람은 종종 자신의 의견이나 감정을 억누르기 십상입니다.

남을 배려하는 말과 늘 미소를 잃지 않는 모습은 처음에는 주변 사람에게 호의적으로 받아들여질 때가 많을 것입니다. 하지만 지나친 자기 억제는 때때로 스트레스의 원인이 됩니다.

그 배경에는 '미움받고 싶지 않은 심리', 다른 사람에게 미움받는 것을 극도로 두려워하는 심리가 잠재되어 있습니다.

이를테면 상사나 선배의 입장이라면, 부하나 후배에게 적절한 지시나 조언을 해야 하는 상황에서도 상대가 상처받을까 봐 지나치게 신중하게 말을 고릅니다.

그 결과 상대방에게 해야 할 말조차 제대로 전달하지 못할 뿐 아니라, '무슨 말을 하고 싶은 건지 모르겠다', '본인의 생각이 없다', '모든 사람에게 아양을 떤다'와 같은 평가를 받기도 합니다.

자신이 직장 내 괴롭힘을 당했을 때도 상대방이나 주변 사람들과 관계가 악화되는 것이 두려워 입을 다물어버리고, 결국 아무 말도 하지 못하게 됩니다.

무관심
"아예 관심을 두고 싶지 않다"

"어릴 적 많은 친구들 앞에서 발표를 하는데 너무 긴장한 나머지 버벅거려서 친구들에게 놀림을 당했어요."

이런 경험이 있는 사람은 '나를 표현한다 = 부정당한다'라는 사고 패턴이 형성되어 있을 가능성이 있습니다.

어른이 되어서도 왠지 모르게 발표를 할 때 '또 웃음거리가 될지도 몰라. 어떻게 하면 좋지?'라고 생각한 순간 마음은 무의식적으로 과거의 트라우마를 소환합니다. 그러면 또다시 상처를 입지 않기 위해 감정이나 사고를 차단해버립니다.

이런 상태가 되면 자신의 감정을 인식하기 어려워집니

다. 나 자신과 세계 사이에 유리 한 장이 놓여 있는 듯한 감각, 충격적인 사건이 일어나도 아무런 감정을 느끼지 못하는 감각에 빠집니다. 그러면 다른 사람에 대한 관심이 사라지고, 깊은 인간관계를 맺기 어려워집니다.

저 역시 유소년기부터 줄곧 이러한 감각을 느껴왔습니다. 심리학을 배우고 나서야 비로소 나의 과거가 현재에 영향을 미치고 있음을 깨달았죠.

닫힌 감정과 마주하면 자연스럽게 감정이 해방됩니다. 그 감정을 언어로 표현하면 다른 사람과 깊이 연결될 수 있는 길이 열립니다.

무기력한 심리
"어차피 해도 안 될 것 같다"

사소한 일을 겪어도 자신감을 잃고, 처음부터 뭐든 잘될리 없다는 생각, '어차피 나를 싫어하겠지', '어차피 실패하겠지', '어차피 안 되겠지'와 같은 부정적인 생각을 반복하다 보면 자기부정의 늪에 빠지게 됩니다.

이러한 사고 패턴을 가진 사람은 직장 내 괴롭힘도 쉽게 받아들이기 때문에 부당한 취급을 정당화하곤 합니다.

과거의 수많은 실패나 배신이 불안감을 불러일으켜 그로 인한 깊은 슬픔과 무력감이 마음에 영향을 미치고 있는 것입니다. 긍정적인 기대나 꿈을 갖기 어려워지고, 금세 포기하고 고통으로부터 도망치려는 심리가 고개를 듭니다.

이러한 경험 때문에 미래에 대한 희망을 갖지 못하고, 마음의 고통에서 도망치기 위해 포기하는 쪽을 택합니다. 직장 내 괴롭힘이라는 비정상적인 사태조차 어쩔 도리 없다며 받아들이는 것입니다.

포기에는 '적극적인 포기'와 '소극적인 포기' 2가지가 있습니다.

적극적인 포기는 현실과 주변 환경의 제약을 이해하고 그 안에서 가장 효과적인 선택이나 행동을 취하는 자세입니다. 현실을 받아들이고 그것을 바탕으로 최선의 행동을 택하는 것입니다. 적극적인 포기는 곤란한 상황에 적절하게 대처하고 에너지를 효과적으로 활용하는 데 도움이 됩니다.

소극적인 포기는 곤란한 상황이나 외부의 압력에 맞서는 능력이 부족하다고 느끼고 행동을 멈춰버리는 사고방식입니다. 스스로에 대한 신뢰나 평가가 좋지 않을수록 이러한 감정을 느끼는 경우가 많아집니다. 소극적인 포기를 하는 사람은 주어진 과제로부터 도망치거나 무력감을 안고 있는 경우가 많아서, 성장의 기회를 놓칠 가능성이 높아집니다.

나 자신을 이해해야
되받아치는 힘을
기를 수 있다

다른 사람에게 해를 끼치는 포식자들의 눈에 띄지 않기 위해서는, 어떤 대책을 세우고 어떤 노력을 기울여야 하는 지를 알아야 합니다.

내가 어떤 유형에 속하는지를 알면 되받아칠 수 있는 힘을 기르기 위한 단서를 찾을 수 있습니다. 그저 고민만 하지 말고 원인을 파악하면 대책을 세우기가 수월해집니다.

상대방의 말을 되받아치지 못하는 진짜 이유를 찾아내고, 그 문제를 극복하기 위한 방법을 구체적으로 소개하는 것이 바로 이 책의 목적입니다.

사람은 어차피 제각각입니다. 따라서 상대가 어떠한 유형이냐가 중요한 것이 아니라 그 상황을 통해 '자기 자신을 이해해야' 합니다.

'그래서 내가 대꾸를 못 했구나!'

'내가 다른 사람과 언쟁하는 상황에 놓이면 아무 말도 못 하는 이유가 바로 그것 때문이었구나!' 하고 우선 자신이 왜 그런지를 아는 것이 중요합니다.

내면의 목소리와 감정, 그리고 그 배경에 있는 생각이나 신념을 이해하면 되받아칠 용기가 생겨납니다.

나를 이해한다는 것은 자신감을 갖고 표현하기 위한 중요한 열쇠가 됩니다. 그뿐만 아니라 스트레스 없이 나의 의견이나 생각을 다른 사람에게 전달하기 위한 첫걸음입니다.

"사람들은 당신이 무슨 말을 했는지보다
그 말을 어떻게 했는지를 기억한다."

알프레드 아들러
Alfred Adler

2장

공격적인 심리를
무너뜨리는 한마디

상대의
심리를 알면
절대 휘말리지 않는다

먼저 말로 상대를 조종하거나 공격하는 사람으로부터 나를 지키기 위한 효과적인 전략을 알아두어야 합니다. 상대방의 전략이나 심리적 기술을 모르면 우리는 아주 쉽게 그들에게 지배당할 수 있습니다.

악의가 있는 사람들은 이러한 기술을 의도적으로 혹은 그들이 쌓아온 경험에 따라 무의식적으로 사용해서 다른 사람들을 지배합니다.

이러한 기술에 교묘하게 말려들면 우리의 의지와는 무관하게 그들의 뜻에 따라 행동하게 됩니다.

만만하지 않은 한마디

이 장에서 소개하는 방법을 이해하고 실제 상황에서 활용하면, 나를 조종하려고 하는 상대로부터 스스로를 확실하게 지키고 당당하게 나의 입장을 유지할 수 있습니다.

심리적 기술을 심도 있게 이해하면 의사 결정 능력을 강화할 뿐만 아니라 상대의 공격으로부터 우리의 마음을 효과적으로 지킬 수 있습니다.

사실 사기꾼이나 특정 그룹은 이러한 기술을 마인드 컨트롤에 활용하기도 합니다. 따라서 미리 익혀두면 이상한 말과 행동을 즉시 식별하고 적절한 수단으로 대처할 수 있습니다.

그 밖에도 비즈니스, 인간관계, 연애를 비롯한 다양한 상황에서 심리적 기술이 악용될 가능성이 있습니다. 이 점을 잘 이해하고 익혀두었다가 활용하면 나 스스로를 지키는 데 큰 도움이 됩니다.

이러한 심리적 기술은 선량한 목적으로도 충분히 이용할 수 있습니다. 다시 말해 상대를 존중하면서 효과적으로 소통하기 위한 수단으로 활용하는 것이죠. 이러한 기술들을 일상생활이나 비즈니스 상황에서 선의로 활용하기 바랍니다.

이유 없는
트집에
휘둘리지 않는다

　상대방의 주장을 살짝 왜곡해서 공격하는 것을 허수아비 논법(straw man argument)이라고 합니다. 공격하기 쉬운 허수아비로 만들어서 한 번에 날려버리는 수법입니다.

　허수아비 논법이란 한마디로 '구실'과 '트집'을 말합니다. 논의 중에 상대의 의견을 일부러 부정확하게 표현하고 그것을 바탕으로 반론하는 것이죠.

　예를 들어 '아이를 도로에서 놀게 하는 것은 위험하므로 해서는 안 된다'라는 제안을 하면, '아이를 계속 집에 가둬두는 것은 아동 학대다'라고 과장해서 표현하는 경우입니다.

주제 자체를 바꾸고
논의를 질질 끌기

허수아비 논법은 축구 경기 중에 갑자기 야구나 골프 규칙으로 바꾸는 것에 비유할 수 있습니다.

> **상사** 경쟁사가 도입한 신기술을 우리도 배워서 회사에 도입해야겠어!

> **부하** 하지만 해당 기술을 도입하려면 비용이 지금보다 2배 더 많이 듭니다. 또 그로 인해 현재 확보 중인 매출이나 이익이 반감될 우려가 있습니다. (정당한 주장)

> **상사** 그게 무슨 말이야? 새로운 기술을 배울 의욕이 없는 거야? 기술적으로 뒤처지면 시장 경쟁에서 질 수밖에 없어. 그래도 된단 말이야?

이때 부하직원은 비용을 걱정했을 뿐인데 상사는 그것을 기술적 뒤처짐이나 시장 경쟁력 상실이라는 큰 문제로 결부 지어 반론하고 있습니다.

이처럼 '트집'이라고 해도 좋을 주장을 하는 상사와 엮이면 논의는 아무 소득 없이 쳇바퀴 돌듯 하고, 그저 시간만 낭비하고 스트레스만 늘어납니다.

이런 경우에는 '분명(승인) & 애초에(원점 회귀)' 같은 단어로 말하는 것을 추천합니다. 이것은 허수아비 논법 전반에 대처할 수 있는 화법이기도 합니다.

'분명'이라는 말을 사용해서 상대의 의견을 받아들이고 존중하고 있음을 보여준 다음, 계속해서 '애초에'라는 말로 논의의 본질이나 목적에 초점을 맞춰서 다시 전개해나가는 방법입니다.

부하   분명 맞는 말씀입니다. 기술이 뒤처지거나 시장 경쟁력이 떨어지는 일은 반드시 피해야 합니다. 애초에 제가 말씀드리고자 했던 것은 신기술 도입에 관한 비용 문제, 그리고 현재 매출과 이익이 절반으로 줄어들 가능성이 있다는 점입니다. 이 문제에 대해서는 어떻게 생각하시는지 알려주시겠습니까?

논점을 벗어나 본질을 왜곡하려는 상사의 발언을 '분명 &

애초에'라는 단어를 사용해 처음에 논의하려고 했던 관점으로 되돌렸습니다.

여기서 중요한 점이 있습니다.

상대의 주장에 대해 '분명 그렇다'고 말할 때는 미소를 지으며 시원시원하고 또렷하고 생기 있는 목소리로 말해야 합니다.

'현재 상황을 정확하게 전달해야 한다'는 생각이 강해서 정색을 하거나 난처한 표정으로 말해서는 안 됩니다. '그런데', '그래도', '그렇지만' 같은 부정적인 단어에 상대방은 민감하게 반응하기 때문입니다.

트집을 잡는 습관이 있는 상사나 선배에게 부정적인 단어를 사용했을 때 "말대답하지 마!", "하라는 대로 해!", "그냥 내 말 들어!"와 같은 비난을 당한 경험이 공통적으로 있을 것입니다. '그런데', '그래도', '그렇지만' 같은 말을 듣는 순간 원한이나 분노를 포함한 공격 호르몬이 뇌에서 분비되어 무의식중에 그런 감정을 방출하게 됩니다.

그렇게 되면 상황이 정리되기는커녕 오히려 더 성가시게 되는 것이죠.

말이나 표현을
자의적으로 변경하고 주장 바꾸기

허수아비 논법에서 나타나는 특징 중 하나가 말이나 표현이 왜곡된다는 것입니다. 한마디로 사과를 '오렌지'라고 부르는 것과 같습니다.

> **상사** 초과근무 시간을 단축하라고 지시했는데 눈에 띄는 성과가 나오지 않았어. 이걸 보고 문제라는 생각이 안 드나?
>
> **부하** 네, 분명 초과근무 시간을 제한하라는 지시를 받고 두 달이 흘렀는데 좋은 성과를 낸 부서는 일부에 불과합니다.
>
> **상사** 모든 부서에서 성과가 나오지 않는다는 게 말이 되나? 책임지게!

'효과가 있는 부서는 일부'라고 표현했는데 상대방은 '모든 부서에서 큰 성과가 나오지 않고 있다'는 식으로 왜곡해서 주장하고 있습니다.

"하지만 이 프로젝트는 1년을 목표로 초과근무 시간을 줄이는 프로젝트입니다. 아직 두 달밖에 지나지 않았는데, 성과가 없다는 것은 너무 섣부른 결론입니다"라고 말할 수 있다면 속 시원할 것입니다. 하지만 상대방은 "섣부르다니 그게 무슨 소리야! 그럼 지금까지 나타난 결과를 부정한단 말인가?"라며 더욱 시비를 걸어 올 가능성이 큽니다.

애초에 이 책의 취지는 상대와 싸워서 이기는 것이 목적이 아닙니다. 여기서도 앞서 언급했던 '분명 & 애초에'를 사용해 되받아칠 수 있습니다.

부하 아직까지는 충분한 성과가 나오지 않고 있는 것이 분명 맞습니다. 애초에 올해의 목표로 1년에 걸쳐 초과근무 시간 20퍼센트 줄이기를 실행하고 있습니다. 일부 부서에서 어느 정도 성과가 나오고 있는데, 이 성과를 더 확대해나갈 수 있도록 좋은 아이디어가 있으면 제안을 해주시겠습니까?

이렇게 대답하면 별다른 아이디어가 없는 한 더 이상 추궁하지 않을 것입니다.

문맥의 일부만 잘라내서
의미를 바꾸고 반론하기

다음은 발언의 일부만 발췌하는 경우입니다.

한마디로 말하자면, 2시간짜리 영화의 스토리 중 10초만 떼어내서 전체 스토리를 이해했다고 주장하는 것과 같은 것입니다.

> 부하 새로운 프로젝트 제안은 예산 면에서는 어려움이 있겠지만 큰 시장으로 진출할 기회를 내다볼 수 있다고 생각합니다.

> 상사 예산에 어려움이 있다고? 그렇다면 이 프로젝트는 당장 중지해!

여기서 상사는 '큰 시장으로 진출할 기회'라는 긍정적인 측면을 무시해버리고 '예산 면에서 어려움'만을 과장해서 지적하며 당신의 주장을 짓밟으려 하고 있습니다.

그럼 여기서도 '분명 & 애초에'를 활용해 대응해봅시다.

> 부하 분명 맞는 말씀입니다. 예산 문제를 해결하지

못하면 프로젝트를 중지해야 합니다. 예산에 어려움이 있다는 것은 처음부터 예상했던 것이고, 이미 해결책도 세워서 진행하고 있기 때문에 안심해도 됩니다. 시장을 확대할 기회를 기대할 수 있을 것 같은데, 확실하게 성공하기 위해 무엇이 필요한지 가르쳐주시겠습니까?

여기서는 당신의 발언을 일부만 콕 집어서 비난하는 상사에게 마지막으로 '가르쳐주시겠습니까?'라는 표현으로 마무리하고 있습니다.

상대방의 자존심
자극하기

허수아비 논법을 사용하는 사람들 중에는 2가지 유형이 있습니다. 하나는 상대를 완전히 제압하는 것을 목표로 부조리한 논쟁을 하려는 '트집 잡기' 유형입니다. 또 하나는 지나치게 안전을 추구하느라 위험을 피하려 하고 실패에 대한 책임을 두려워하는 '겁쟁이' 유형입니다.

'가르쳐주십시오'라는 표현은 상사나 선배, 전문가 등의 윗사람에게 무언가를 배우거나 조언을 구할 때 사용하는 경의가 담긴 표현입니다.

'트집 잡기'와 '겁쟁이' 유형에게는 안심할 수 있는 구체적인 제안과 상대방의 자존심을 존중하는 말투로 대하는 것이 효과적입니다. 손자는 "백전백승이 최선이 아니라, 싸우지 않고 적을 굴복시키는 것이 진정한 승리다(百戰百勝 非善之善也 不戰而屈人之兵 善之善者也)"라고 말했습니다. 바꿔 말하면, 전투를 하지 않고 승리를 거두는 것이 가장 현명한 방법이라는 것입니다. 싸우지 않고 자연스럽게 성공을 거두는 자세를 지향하는 것이 가장 이상적입니다.

상반되는 요구를 듣고 딜레마에 빠지지 않는다

더블 바인드(double bind, 이중 구속)는 심리학에서 2가지 상반되는 요구를 듣고 딜레마에 빠지는 상황을 말합니다. 양쪽으로 압박을 받는 곤란한 상황이죠. 저는 이것을 '정신 고문'이라고 표현합니다. 상대의 마음을 좌지우지하면서 고문처럼 몸과 마음을 아프게 하는 행위이기 때문입니다.

"너는 어떻게 생각해? 자유롭게 의견을 말해봐"라고 묻길래 의견을 말했는데 "아니야", "안 돼"라고 반복적으로 부정하는 상황을 상상해보세요.

더블 바인드라는 개념은 심리학자 그레고리 베이트슨

(Gregory Bateson)이 처음 제기한 것입니다.

상대에게 2가지 이상의 명령이나 메시지를 동시에 보내고 나서 어느 쪽을 택하든 비판과 비난을 가하는 수법입니다. 그 말을 들은 사람은 모순된 요구에 대처하느라 혼란스럽고 스트레스를 느끼게 됩니다.

특히 직장 내에서 더블 바인드를 당하는 경우에는 지시받은 대로 행동해도 질책을 당하고 하지 않아도 비난받으니, 대체 무엇이 옳은 것인지 알 수 없습니다. 그리고 자신의 판단이나 행동에 확신을 갖지 못하고 의심을 품게 되니 늘 상대방의 얼굴색을 살피게 됩니다.

더블 바인드를 당한 사람은 강제로 긴장과 스트레스, 혼란에 사로잡히고 심한 경우에는 정신질환에 빠질 위험이 있습니다.

2가지 이상의 메시지를 동시에 보내고 어느 쪽을 선택하든 부정하기

일상생활에서 볼 수 있는 더블 바인드의 예를 한번 살펴볼까요?

- "화 안 낼 테니까 뭐든 말해봐"라고 하기에 사실대로 말했더니 "너는 바보냐?"라며 화를 낸다.
- "네가 판단해"라기에 내 생각대로 행동했더니 "나랑 상의했어야지!"라며 화를 낸다.
- "네 페이스대로 해도 돼"라기에 내 페이스대로 진행하고 있는데 "왜 이렇게 일이 느려?"라며 재촉한다.
- "자네가 리더니까 자네가 결정해"라고 하기에 내 생각대로 결정했는데, 상사의 생각과 다르면 "왜 내 말은 듣지 않는 거야!"라며 비난한다.

자신을 부정하게 만드는 수법

사이비 종교단체가 사람들을 세뇌시키려고 할 때 처음에는 개인의 현재 상태를 완전히 부정하는 것부터 시작합니다. 그들이 던지는 메시지는 '당신은 이 세계에서 실패할 것이다'라든가, '현재 상황에서는 가족조차 당신을 구제할 수 없다'와 같은 식입니다.

이런 말을 믿는 사람은 자신을 개선하기 위해 어떤 행위를 하게 됩니다. 하지만 아무리 노력해도 '충분하지 않다'며 일축당하고, 결과적으로 점점 더 종속적인 상황으로 몰리게 됩니다.

심리적으로 의존하게 만드는 전략

가정 폭력의 희생자가 가해자에게서 벗어나지 못하는 이유는 모순된 상황으로 인한 정신적인 덫에 빠져 있기 때문입니다. 폭력을 가하고 나서는 "미안해. 사실은 상처 주고 싶지 않았어. 다 너를 생각해서 그러는 거야"라고 위로합니다. 그러면 피해자는 '그(그녀)는 사실은 다정한 사람이야. 다 내 잘못이야. 내가 못나서 그런 거야. 그(그녀) 없이는 살아갈 수 없어'라고 느끼며 가해자에게 의존하는 상태에 빠지게 됩니다.

말도 안 되는 지시에는
초기 대응이 중요

이처럼 부조리하고 일관성이 없는 지시를 받으면 우선 혼란이나 분노, 절망이 치밀어 오르기 마련입니다.

그러나 이것이 반복되는 과정에서 그런 말을 들은 사람은 스스로를 보호하기 위해 감정을 잃어버립니다. 아무것

만만하지 않은 한마디

도 느끼고 싶지 않다는 생각이 지배하고, 단순한 스트레스나 피로감을 넘어 몸과 마음이 좀먹게 됩니다.

이처럼 상대에게 더블 바인드를 행하는 사람을 '더블 바인더'라고 부릅니다.

사실 더블 바인더는 일관된 지시를 하거나 상대의 성장을 바라고자 하는 마음이 전혀 없습니다. 그들은 오직 상대를 혼란에 빠뜨리고 그런 상황을 즐기는 데 목적이 있을 뿐입니다. 자신조차 무슨 말을 하고 있는지 이해하지 못할 뿐아니라, 단순히 지시하는 능력이 떨어지는 무능한 사람도 있습니다.

우선 마음을 다져야 합니다. 스스로 더블 바인드의 복잡한 딜레마에 몰리고 있다는 느낌이 들면 자신이 처한 상태를 명확하게 인지하는 것입니다. 그러면 감정을 진정시키고 이성적으로 대응할 수 있습니다.

결국 아무리 애써도 상대방에게는 긍정적인 피드백을 받지 못하기 때문에 스스로를 다독이고 받아들이는 것이 중요합니다.

상대방은 당신이 아무리 성실하게 응하려 해도 '이렇게 해, 저렇게 해' 하며 부당한 요구를 합니다. 당신이 동요하고 초조해하는 모습을 보고 쾌감을 느끼는 것입니다.

이런 상대방의 요구에 응하는 것은 결국 당신의 시간과 에너지를 낭비하는 일입니다. 더블 바인드의 덫에 한번 빠지면 벗어나기 매우 어렵기 때문에 무엇보다 초기에 대처하는 것이 중요합니다.

이것은 일종의 세뇌를 당한 것과 같은 상태이므로 반드시 주의가 필요합니다.

상대가 더블 바인드로 공격해 올 때 현실적인 대응법을 예를 들어 알아볼까요?

> 상사 프로젝트 계획을 정리해서 제출하게. 아무 때나 상관없으니까 문제가 있으면 편하게 물어봐.

- 며칠 뒤 -

> 나 프로젝트 예산 배분에 관해 잠시 상담 좀 할 수 있을까요?

> 상사 그런 것도 혼자 결정 못 하나? 그건 그렇고, 아직도 다 안 했단 말야?

질문하기로
정면 돌파

상사는 문제가 있으면 언제든지 얘기하라고 해놓고 상담을 요청하면 오히려 그것도 모르냐는 식으로 공격합니다. 그럴 때는 지시받은 일을 부드럽게 상기시키는 방법이 있습니다.

> **나**　네?(큰 소리로 놀란다) 언제든지 물어봐도 된다고 하셔서 여쭤본 겁니다.(미소) 기한도 상관없다고 하셨고,(미소) 최선의 판단을 내리기 위해서라도 상담 부탁드려요.(미소) 예산 말인데요…….

'네?' 하고 깜짝 놀라며 미소 지으면, 곧 상대방은 '내가 정말 그런 말을 했나?'라고 자문자답하게 됩니다.

이때 상대방을 정면으로 바라보고 큰 소리로 말해야 자신감에 찬 태도를 보여줄 수 있습니다.

상대방은 당신이 굽은 등과 처진 어깨, 떨리는 목소리로 면목없다는 듯 '죄송합니다'라고 말하기를 기대하고 있습니다. 하지만 기대를 완전히 벗어난 태도를 보이면 '이렇게 나올 줄이야' 하며 놀라고 혼란스러워할 것입니다.

이것은 성질이 고약한 사람이나 무능한 사람에게도 효과적인 방법입니다.

한 가지 더 중요한 점은 신속하게 상담 주제로 넘어가서 결실을 맺을 수 있는 논의를 시작하는 것입니다. 무의미한 공격에는 절대 시간을 허비하지 말고 '조금 더 건설적인 논의에 집중해야 한다'는 태도를 명확하게 드러내는 것입니다.

> **나** 알고 있지만 오해를 불러일으키지 않기 위해서라도 지금 한 번 더 확인하고 싶습니다.

이처럼 구체적인 조언을 구하는 것도 효과적입니다.

마음속으로 더블 바인드의 상황이라는 것을 냉정하게 판단하고, 겉으로는 생긋 웃으며 차분하게 말합니다.

상대방이 '언제든 좋다', '편하게 물어봐라'라고 말했던 점에 대해서는 그냥 넘어가고, 어디까지나 '예산에 관한 상담'에 초점을 맞추는 것이 중요합니다.

'당신의 심리적인 덫에 나는 걸려들지 않을 것이다'라는

강한 메시지를 전달하면, 이후에는 상대방이 공격적인 태
도를 자제하게 됩니다.

한 발 물러나서
조용히 반격

　상대가 언급한 내용을 가지고 되받아치기 힘들다면 한
발 물러나서 대응한 다음 처음에 언급한 내용으로 돌아가
서 되받아치는 방식을 적용해봅니다.

· 즉석에서 일단 유연하게 대응하기

> [나]　죄송하지만 다시 한 번 해결책을 생각해보겠습
> 니다.

· 상대의 입장을 존중해준 다음 흘러가듯 대응하기

> [나]　지적하신 부분은 이해했습니다. 다시 한 번 상
> 황을 재검토하고 필요한 판단을 하겠습니다.

> [나]　시간을 조금 더 주시면 적절한 해결책을 생각해
> 보겠습니다.

이때 상대방의 성격이나 상황에 맞춰서 어떤 대응을 할지 구분해야 합니다.

자신의 감정을 제어하기 위해서는 어떻게 말하느냐가 중요합니다. 여기서 예로 든 대사를 소리 내어 연습하고 익혀 두었다가 그대로 말해봅니다. 각각 열 번 정도 소리 내어 말하기만 해도 더블 바인드 상황이 닥쳤을 때 즉시 말이 튀어나올 수 있습니다.

명확성과 구체성으로
상대의 논리 무너뜨리기

더블 바인드가 필연적으로 일어날 수밖에 없다면 대책을 미리 세워두는 것이 좋습니다. 저는 이것을 '더블 바인드 죽이기'라고 부릅니다. 더블 바인드가 위험한 행위라는 것을 확실하게 인식하자는 의미로 이렇게 표현했습니다.

상대방의 악질적인 더블 바인드는 당신의 몸과 마음을 좀먹고 인생을 엉망진창으로 만드는 소위 정신적 살인 행위나 마찬가지입니다.

상대방의 의도적인 더블 바인드를 막기 위해서는 커뮤니

케이션의 농도를 높일 수밖에 없습니다. 농도를 높인다는 것은 '명확성'과 '구체성'을 높여서 먼저 제안하는 것을 말합니다.

· 늘 명확한 커뮤니케이션을 하기 위해 노력하기

상사 프로젝트 계획을 정리해서 제출해주게. 아무 때나 상관없으니까 문제가 있으면 편하게 물어봐.

나 기한을 정해주세요. 4월 1일까지는 완성하려고 하는데 어떠세요? 첫 안건이라 질문이 많을 것 같은데 괜찮을까요?

· 구체적인 정보 요구하기

상사 이 일을 최우선으로 해줘! 최대한 서두르게!

나 어제 다른 안건도 최우선으로 하라고 하셨는데 어느 쪽을 먼저 할까요?

이처럼 상대에게 질문을 던져서 명확한 답을 요구합니다. 두 경우 모두 나중에 상대방이 '그런 말을 한 적 없어', '그럴 생각이 아니었어' 같은 허위 발언을 하는 걸 사전에 차단하기 위해서입니다.

또한 아래와 같은 조치를 취하면 안심할 수 있습니다.

· 상대의 눈앞에서 방금 한 말을 복창한다.
· 상대의 눈앞에서 메모한다.
· 내용을 상기할 수 있도록 메일을 보낸다.
· 증인이 되어줄 제삼자를 동반한다.

더블 바인드는 직장의 문화, 상대의 성격, 조직의 방침 등에 따라 다르게 나타나는데, 개인뿐만 아니라 조직 전체에 다음과 같은 부정적인 영향을 미칠 가능성이 있습니다.

· 잦은 반복: 통상의 커뮤니케이션이 곤란해지고 업무에 지장을 불러일으킨다.
· 업무 지연이나 실수 증가: 모순된 지시로 인해 업무를 명확하게 수행할 수 없다.
· 심신의 건강 문제: 장기간에 걸친 스트레스가 정신적, 육체적 건강에 영향을 미친다.
· 직장 환경 악화: 팀워크가 악화되어 생산성이 떨어진다.

이런 상황이 계속되고 다른 사람에게 상담해도 개선될 여지가 없는 환경이라면 거기서 벗어나는 것도 하나의 방법입니다.

다시 한 번 말하지만 성질이 고약한 더블 바인더는 자신이 어떤 지시를 했는지, 얼마나 상대를 휘두르고 있는지도 깨닫지 못합니다. 이런 사람 때문에 마음에 상처를 입어서는 안 될 것입니다.

상대에게 휘둘리지 않으려면 무엇보다 냉정하게 대응하고, 그 과정에서 상대방의 이야기를 적절하게 듣는 것이 중요합니다. 이러한 점을 염두에 두면 당신의 마음을 지킬 수 있습니다.

상대의 지적을
강점으로
바꿔라

　'행동보다 인격에 초점을 맞춰서 언급하면 상대방에게 강한 인상이나 영향을 준다'는 심리적 원리를 인격 동일성 효과라고 합니다.

　이러한 인격 동일성 효과의 부정적인 측면을 한마디로 요약하면 '인격 말살'입니다. '업무에서 실수를 반복하는 것은 인간성에 결함이 있어서 아닌가?'라는 말을 들으면 큰 충격을 받고 아무 말도 하지 못하게 됩니다.

　비즈니스 현장에서 이것을 긍정적인 방식으로 사용하면 효과적인 커뮤니케이션이나 행동을 끌어낼 수 있지만, 부정적인 방식으로 사용하면 직장 내 괴롭힘이 될 수 있습니다.

'행동'이 아니라
'인격' 비난하기

다음은 상사와 부하직원의 대화입니다. 부하직원이 회의 자료를 몇 부 복사해야 할지 착각한 상황입니다.

[상사 1] 이런, 복사 부수가 잘못됐네. 미안하지만 다음 부터는 조심해줘.

[상사 2] 자네는 늘 부주의하군. 주의력 결핍 장애라도 있는 거 아냐? 쓸데없이 종이를 낭비했잖아. 어 떻게 할 거야?

상사 1은 부하직원의 행동(부수 오류)을 지적하고 있는 데 반해, 상사 2는 부하직원의 인격(부주의)을 비난하고 있습니다.

부하직원은 상사 1과 같이 자신의 행동을 지적당했을 때 보다 상사 2와 같이 인격을 비난당했을 때 훨씬 큰 상처를 받게 됩니다.

이와 같은 상황에 직면했을 때 충격을 받고 아무 말도 하지 못하게 되는 이유는, 행동을 비난하는 것보다 인격을 비난하는 것이 더 큰 영향을 미치기 때문입니다.

어떤 지적이든
우선 인정하면서 시작한다

자신의 실수에 대해 행동 자체가 아닌 인격을 비난받았을 때 대처하는 법으로 2가지를 들 수 있습니다.

· 입을 다물고 가만히 있지 말고 무언가 행동을 취한다.
· 부정적인 말을 긍정적인 표현으로 바꿔서 도움을 구한다.

누구나 실패하거나 잘못을 저지를 때가 있습니다. 실패나 잘못을 하지 않도록 조심하는 것도 물론 필요하지만, 그보다 사후에 어떻게 대처하느냐가 더 중요합니다. 그에 따라 사태가 좋게 또는 나쁘게 바뀌기 때문입니다. 실수에 대해서는 기본적으로 '사과하는 것'부터 시작합니다.

고대 그리스의 철학자 아리스토텔레스는 '변론법'에 대해서 "말대답을 하거나 자신의 죄를 부정하는 사람은 더 엄격하게 징벌하지만, 벌을 받는 것이 당연하다고 생각하는 사람에게는 화를 가라앉힌다"라고 적었습니다.

우선 자신의 잘못(결점)을 인정하면 상대방의 분노를 키우는 일을 피할 수 있습니다. 다만, 인격을 부정할 정도의 비난을 허용해서는 안 됩니다.

인격을 부정하는 듯한 비난에 어떻게 반응해야 할지 몰라 아무런 말도 하지 않고 있으면 상대방은 점점 더 화를 낼 수 있습니다.

그럼 애초에 상대방은 왜 당신에게 분노의 감정을 쏟아내는 걸까요?

그 이유는 분노의 배경에 유소년기의 트라우마, 특히 '슬픔'이나 '외로움'과 관련된 경험이 있기 때문입니다. 부모나 소중한 사람에게 무시당하거나 방치당한 경험입니다. '어째서 나를 챙기지 않는 거야?'라고 더 관심받고 더 사랑받고 싶은 기분을 짓밟힌 것에 대한 '분노'나 '슬픔'입니다.

그들이 원하는 것은 이전에 받지 못한 애정과 이해입니다. 상대방의 지적에 과장된 행동을 취하면 그들이 진정으

로 원하던 사죄의 감정을 충족시키고, 과거의 아픔을 누그
러뜨리는 효과를 기대할 수 있습니다.

> 상사 또 실수한 거야? 성격적으로 문제 있는 거 아냐?
> 나 (머리를 감싸며) 정말 죄송합니다!

과장된 반응을 보이면 일단 상대의 분노는 가라앉습니
다. 당신이 이렇게 행동하면 그들의 잠재의식에 맺혀 있던,
부모나 소중한 사람을 향한 분노, 또는 슬픔으로 가득한 과
거의 트라우마가 해소되고 만족감으로 채워집니다.

상대가 인격을 부정하는 원인을 이해하고 자신의 실수를
조금 과장되게 인정하면 상대방은 공격하고자 하는 기세를
일단 멈추게 됩니다.

부정을
긍정으로 전환하기

두 번째는 우선 상대의 공격을 받아들이고 긍정적인 표
현으로 바꿔서 부드럽게 자신의 의견을 전개하는 방법입

니다.

이를테면 거래처와의 미팅이 길어져서 회의에 조금 늦을 예정이라고 사전에 연락을 했습니다. 상습적인 지각은 아닌 것입니다.

> 상사 자네는 늘 회의에 늦는구만. 왜 항상 시간을 안 지키고 대충대충 하는 거야?
>
> 나 시간을 지키는 것이 당연합니다. 하지만 일부러 그런 것이 아니라 피치 못할 사정이 있었습니다. 저는 평소에 시간을 잘 지키는 편입니다. 이번에는 거래처 미팅이 길어져서 회의에 늦을 거라고 사전에 연락드렸습니다. 이럴 때 어떻게 대처해야 하는지 가르쳐주시겠습니까?

'대충대충 하는 사람'이라고 인격을 부정하는 비난을 받았을 때 평소에는 성실하게 시간을 잘 지킨다는 점을 강조하고 자신의 가치관을 이야기하고 있습니다.

또 다른 대화 사례를 들어보겠습니다.

> **상사** 자네 같은 겁쟁이는 새로운 일에 도전할 용기가 없지 않나?

> **나** 제가 신중한 것은 새로운 도전을 피하기 위함이 아니라 더 확실한 결과를 추구하기 위해서입니다. 신중한 성격도 하나의 강점이라고 생각합니다.

'겁쟁이' 같은 부정적인 꼬리표를 붙이는 데 맞서 자신의 성격을 재해석하고 그것을 강점이라고 표현하고 있습니다. 이러한 접근 방법으로 상대의 공격적인 말의 영향력을 완화할 수 있습니다.

또 다른 대화 사례를 살펴보겠습니다.

> **상사** 자네는 늘 아무 말도 안 하는 걸 보면 아주 음침한 구석이 있어. 의견이 없는 거야, 아니면 다른 사람의 의견에 반박하지 못하는 거야?

> **나** 확실히 활달한 성격은 아닙니다. (미소) 침묵은 생각을 정리하기 위한 시간입니다. 저는 확실한 의견이 있으면 적절한 시점에 그것을 표현하는

것이 중요하다고 생각합니다.

‘음침하다’는 인격 부정과 ‘겁쟁이’라는 꼬리표를 받아들이지 않고, 자신의 커뮤니케이션 방식과 그 이유, 그리고 가치관을 명확하게 말함으로써 입장을 확실하게 전달하고 있습니다.

흔들리지 않는 가치관이
나를 지켜준다

상대방의 인격 부정이나 꼬리표 붙이기에 대해 자신의 가치관이나 사고방식을 강조하고, 그것을 강점이나 장점으로 다시 받아들이는 접근 방식을 취하는 것이 중요합니다. 이를 통해 상대의 비판을 부드럽게 회피하고 자신의 입장을 명확하게 전달할 수 있습니다.

셰익스피어는 “세상에는 행복과 불행이 따로 없다. 모든 것은 어떻게 생각하느냐에 달렸다”고 말했습니다. 하나의 사실을 두고도 해석은 무한하게 뻗어나갈 수 있다는 의미입니다. 이 말을 새겨두면 우리가 매일 직면하는 곤란한 상황에 맞서는 데 큰 힘이 됩니다.

타인의 부정적인 말이나 행동에 직면했을 때 그것이 우리의 세계를 어둡게 물들일지, 아니면 성장의 밑거름이 될지는 어떻게 생각하느냐에 달려 있습니다.

우리가 경험하는 모든 것은 좋든 싫든 우리의 마음속에 있는 거울을 통해 비쳐집니다. 그 거울을 얼마나 깨끗하게 닦아나갈지는 우리가 얼마나 장애물을 극복하고 삶의 질을 높여나갈 수 있는지를 결정하는 열쇠가 됩니다.

상대의
날카로운 시선을
피하지 마라

한번 상상해보세요. 공격하는 상대가 당신에게 어떤 말을 하려고 다가옵니다. 그러고는 당신을 못마땅한 듯 뚫어지게 노려봅니다. 이때 당신은 상대방의 얼굴에서 어디를 보고 있나요?

화법에 관한 책이나 인터넷상에서 자주 소개되는 방법은 상대방의 미간이나 코를 쳐다보라고 합니다. 그럼 상대방은 당신이 자신의 눈을 보고 있다고 느낀다는 것이죠.

하지만 이 방법은 오히려 당신의 두려움이나 불안감을 더욱 키울 수 있습니다. 상대의 미간이나 코를 보고 이야기하면 상대방이 '신기루처럼 어렴풋한 형체'로 보일 것입니다. 즉, 아무것도 보이지 않는 것입니다.

당신은 과거에 보았던 무서운 얼굴이나 노려보는 표정을 머릿속에 떠올리면서 상대와 마주하게 됩니다. 눈앞의 상대를 보지 않고 과거의 두려움을 재현하는 것이라고 할 수 있습니다.

그렇게 되면 '공격당하고 만다'는 의식이 머릿속에 가득 퍼지면서, 두려움이나 불안 같은 감정이 점점 망상적으로 무한히 팽창해나갑니다.

계속해서 이런 식으로 상대를 바라보면 긴장감이나 두려움은 가시지 않습니다. 눈을 보지 않는다고 두려움이 사라지는 것이 아닙니다. 무서울 때일수록 상대방의 눈을 보려고 노력해보세요.

상대는 노려보면서 위협적인 시선으로 압도하고, 두려움이나 불안감을 느끼게 함으로써 반박하지 못하게 만들려는 것입니다.

이러한 상황에서도 감정에 휘둘리지 않고 냉정함을 유지하며 논리적으로 생각하고 대화하는 힘을 익히는 방법을 알아볼까요?

상대의 눈을
정면으로 마주 본다

상대가 갑자기 위협적으로 다가오는 순간에 정면으로 눈을 마주 보기는 쉽지 않습니다. 그럴 수 있는 사람이라면 상대의 공격을 두려워하지도 않겠죠.

상대방과 눈을 마주치는 것이 편해지고 두려움을 없애거나 완화하는 방법은 '상대방의 왼쪽 눈 검은 눈동자 속의 빛'을 보는 것입니다.

이것을 저는 '왼쪽 눈 법칙'이라고 부릅니다. 지금까지 5천 명이 넘는 사람들에게 가르쳐왔고 많은 사람들이 효과를 실감했습니다.

왼쪽 눈은 우뇌, 즉 잠재의식과 연결되어 있습니다. 왼쪽 눈을 보면 상대방의 잠재의식과 직접적으로 연결될 수 있다는 뜻이죠. 익숙해지면 한순간에 라포(rapport, 친밀한 관계)를 쌓을 수도 있습니다.

상대방과 깊은 의식 수준으로 이어질 수 있기 때문에 적으로 인식되지 않는 셈입니다.

이 방법의 이점은 상대방이 당신에 대해 가지고 있던 인상이 일순간에 달라진다는 것입니다. 당신이 당당한 사람으로 느껴지면서 공격하기가 쉽지 않게 됩니다.

반면 오른쪽 눈은 좌뇌, 즉 현재 의식과 연결되어 있습니다. 좌뇌는 논리와 이성을 담당합니다. 그래서 오른쪽 눈을 보면 상대방의 이성이 작동해서 어쩐지 마음이 불편해지는 느낌이 듭니다.

왼쪽 눈의 검은 눈동자 속의 빛을 보고 말하면 상대방을 확실하게 바라보고, 동요하지 않고, 자신감을 갖고 말할 수 있을 것입니다.

어둠 속에서는
무서울수록 천천히 걸어라

예전부터 저는 불안이나 공포에 시달리며 살아왔습니다. 출근길에 상사가 다가오는 모습을 보면 '언제 인사를 해야 하지?'라는 생각이 머릿속을 스치고 숨이 막혀오면서 심장이 두근거렸습니다. 업무 중에 통화할 때면 내 목소리가 다른 사람에게 들릴까 봐 점점 더 작은 목소리로 말하기도 했습니다. 업무에 관해 무난하게 이야기하고 있으면서도 무언가 실수하지 않았는지, 또 그것 때문에 상사에게 지적당하지 않을까 늘 불안했습니다.

이런 불안감을 극복할 수 있었던 것은 정신과 의사 모리타 마사타케 선생님이 제창한 방법 덕분이었습니다.

그중에서도 공포를 정면으로 마주하는 사고방식을 통해 과거의 불안공포증을 타파할 수 있었습니다.

예를 들어 우리가 어둠 속에서 공포를 느끼면서도 천천히 걸어가면 그 공포의 크기는 그대로입니다. 하지만 그 공포에 압도되어 달리기 시작하면 공포는 배로 커집니다.

중요한 것은 공포를 느껴도 좋으니 행동하는 것입니다. 공포가 사라질 때까지 기다리는 것이 아니라 공포를 느끼더라도 행동하는 것입니다. 그럼 공포는 놀라울 정도로 빠르게 사라집니다.

앞에서 말한 '왼쪽 눈 법칙'을 발견한 배경에도 공포를 정면으로 마주한다는 사고방식이 있습니다.

다른 사람과 눈을 마주칠 때 공포를 느끼는 것은 흔히 있는 일이지만, 눈을 피하거나 상대의 미간이나 코를 보는 것은 공포로부터 도망치는 행위나 마찬가지며 결과적으로 공포를 증폭시킵니다.

그러나 상대의 왼쪽 눈 검은 눈동자의 중심을 바라보면

그 공포에 직면함으로써 그것을 극복하는 힘을 얻을 수 있습니다.

실제로 상대의 눈을 볼 때까지는 공포를 느낍니다. 하지만 일단 왼쪽 눈 검은 눈동자 속의 빛을 보는 것은 용기를 내어 한 발을 내딛는 것과 같아서 공포는 사라지기 시작합니다.

공포를 정면으로 마주할수록 공포가 사라진다는 사고방식을 이해하고 실천하면 우리는 많은 공포와 불안을 극복할 수 있습니다.

껄끄러운 상대와 이야기할 때뿐만 아니라 여러 사람과 이야기할 때, 그리고 많은 사람들 앞에서 말할 때도 긴장을 완화하는 효과가 있습니다.

만만하지 않은 한마디

기억을
조작하는 데는
진실로 맞선다

인간의 기억은 생각 이상으로 모호해서, 누군가가 특정 키워드나 정보를 자신 있게 전달하면 그것을 아주 쉽게 받아들입니다. 이를 악용해서 상대를 혼란에 빠뜨리거나 자신이 원하는 방향으로 유도할 수 있습니다.

메모리 핵(memory hack)이라고 부르는 이것은 상대방의 기억이나 인식을 조작하는 방법으로, 이른바 '기억 침략 행위'입니다. 이러한 메모리 핵을 구사하는 사람을 '메모리 해커'라고 부릅니다.

다시 말해 타인의 마음 깊은 곳에 잠입해서 기억이나 인식을 왜곡하고 조작하는 비열한 방법입니다. 이것은 사람의 의식과 기억에 대한 기만과 배신, 마음의 자유를 뺏는 명백한 폭력 행위입니다.

상대의 기억을 왜곡해서
자신의 입장 굳히기

메모리 핵을 이용한 괴롭힘 사례를 업무 상황에서도 쉽게 발견할 수 있습니다.

> **나** 어제 지시받은 건 말인데요, 이건 제 계약 범위 밖의 일이라고 생각합니다.

> **상대** 무슨 말을 하는 거야? 계약 내용에 대해서는 사전에 확인했을 텐데. 꼭 하고 싶다고 해서 맡긴 거잖아!

여기서 상대는 계약 내용에 대한 당신의 기억에 흠집을 내려 하고 있습니다.

나	저는 제가 이 프로젝트의 리더라고 생각했는데요…….
상대	아냐. 처음부터 내가 리더였어. 잊어버린 거야? 똑바로 좀 해!

상대는 당신이 자신의 기억이나 인식을 의심하게 만들고 자신의 입장을 굳히려 하고 있습니다.

코넬대학교의 찰스 브레이너드(Charles Brainerd)와 발레리 레이나(Valerie Reyna) 교수는 허위 기억에 관한 실험을 했습니다. 학생들에게 60가지 단어를 기억하라고 요구한 다음 그 단어 중 하나와 다른 단어를 함께 보여주면서 '조금 전에 외운 단어는 이거였지?'라고 질문을 던졌습니다.

그 결과 많은 학생들이 나중에 보여준 다른 단어를 자신이 외우고 있었다고 대답했습니다. 이 실험은 기억이 얼마나 간단하게 바뀔 수 있는지를 명확히 보여줍니다. 이러한 기억의 조작을 악용하면 사람들은 쉽게 사기를 당한다는 현실을 잘 보여주는 실험입니다.

증거만이
나를 지켜준다

메모리 핵에 대한 몇 가지 대응법이 있습니다. 실제 상황이 닥쳤을 때 어떻게 대답하는 것이 효과적인지 참고해보세요.

① 확인 요구하기

나 　 정말 제가 그렇게 말했나요? 설명 부탁드립니다.

상대 　 분명히 그렇게 말했어! 기억 안 나?

나 　 기억이 안 나네요. 폐를 끼칠 수는 없으니까 당시의 상황을 자세하게 들려주세요.

② 증거 요구하기

나 　 그에 관한 메일이나 서류가 있나요?

상대 　 그런 건 없지만 말로 제대로 설명했잖아!

나 　 기억이 잘 안 나네요. 폐를 끼칠 수는 없으니까 다시 한 번 확인해주세요.

③ 제삼자 끌어들이기

나	그 얘기를 할 때 A씨도 그 자리에 있었죠? 같이 한번 확인해보는 게 좋겠어요.
상대	내 말을 못 믿겠다는 거야?
나	아뇨. 폐를 끼칠 수는 없으니까 일단 확인하는 게 좋겠어요.

상대의 요구를 부드럽게 거부하기

기억에 흠집 내는 기술은 일상생활이나 비즈니스에서 의도적으로 혹은 무의식중에 사용될 때가 있습니다.

하지만 자신의 기억이나 인식이 명확하다는 것을 믿고 의문을 느꼈을 때 확인이나 증거를 요구하면 공격하는 상대로부터 자신을 지킬 수 있습니다.

이때 '폐를 끼칠 수는 없으니까'라고 말하면 상대방의 요구를 부드럽게 거부한다는 느낌을 전달할 수 있습니다.

큰 소리에 눌리지 않는 태도

이번에는 상대가 큰 소리로 위협했을 때 그 기세에 지지 않는 요령을 알아보겠습니다. 상대방과 똑같이 큰 소리로 대항할 필요는 없습니다.

핵심은 미소를 지으며 슬쩍 말하는 것입니다. 하고 싶은 말을 마음속으로 천천히 한 번 외워보고 나서 상대방에게 말합니다.

상대의 기세에 휘둘려 반사적으로 말해서는 안 됩니다. 한 박자 늦어도 좋으니 '기억나지 않습니다', '그런 말은 한 적이 없습니다'라고 2초에 걸쳐 말하는 것입니다. 천천히 말해야 한다는 점을 기억해주세요.

모호함에는 자신감으로 맞대응

또한 기억이 나지 않거나 사실이 아니라고 생각한다면 자신감을 갖고 항변하는 것이 중요합니다.

이때 눈을 깜빡이지 않고 말하면 당신의 진실성이 높다는 것을 보여줄 수 있습니다.

눈을 깜빡이는 횟수는 뇌 내 전달물질인 도파민의 영향을 받습니다. 횟수가 많을수록 그만큼 긴장하고 있다는 뜻입니다. 눈을 깜빡이는 것을 억제하면 당신이 겁먹지 않았고 마음이 편안하다는 인상을 줄 수 있습니다.

1분간 12회 정도로 깜빡임을 억제하면 차분하고 자신감에 찬 인상을 줍니다. 나의 기억을 조작하는 방식으로 공격하는 상대에게 맞설 때 중요한 점은 똑같이 강하게 나가는 것이 아니라 긴장하지 않는 것입니다. 그래야 자신의 의견이나 느끼는 것을 확실히 전달할 수 있습니다.

상대의 반감을
사지 않고
내 의견 관철하기

　미국의 심리학자 로버트 치알디니는 자신의 책《설득의 심리학》에서 우리가 다른 사람들의 행동이나 의견에 어떻게 영향을 받는지에 대해 상세히 설명하고 있습니다. 여기서 등장하는 것이 사회적 증명의 원리를 악용하는 것인데, 사회적 집단의 압력에 의해 개인의 정체성이 상실되는 것을 말합니다.

　'사회적 증명'이란 우리가 스스로 판단하기 어렵다고 느끼는 상황에서 자신의 의견 대신 주변 사람의 생각에 기반해서 행동하는 경향을 말합니다. 쉽게 말해서 '다들 그렇게 하니까'라는 이유만으로 남들과 똑같이 행동하는 심리입니다. 우리는 많은 사람들이 행동하거나 생각하는 것을 그대로 따를 때 안도감을 느끼기 때문입니다.

사람들은 자기만 다른 의견을 갖는 것에 대해 불안을 느끼고 스트레스를 받기 때문에(이를 '인지적 부조화'라고 부른다) 다른 사람들의 의견에 쉽게 휘둘립니다.

프로젝트와 관련한 미팅에서 팀 리더가 "제안 X가 가장 효과적이라고 생각하는 사람은 의견을 말씀해주세요"라고 말하는 상황을 예로 들어볼까요? 당신은 제안 B가 가장 효과적이라고 생각하지만 다른 팀원들이 모두 제안 A를 지지합니다. 그러면 당신은 갑자기 불안해져서 "혹시 내 분석이 틀렸나?"라며 자신의 판단을 재평가하기 시작합니다.

집단 심리를 교묘하게 조종해서 고립시키기

사회적 증명의 원리는 특정 상황에서 악용되기도 합니다. 특히 직장과 같은 계층적 조직에서 윗사람은 이러한 심리를 이용해서 부하직원에게 압력을 가하는 경우가 있습니다.

상사	나뿐만 아니라 다른 팀원들 대부분이 자네의 제안에 찬성하지 않아. 그런데도 자네의 의견을 관철할 생각인가?
부하	저는 이 제안이 프로젝트에 더 유익하다고 생각합니다.
상사	하지만 거의 모든 사람들이 반대하고 있어. 그 점에 대해서는 어떻게 생각하나?
부하	…….

여기서 상사는 '거의 모든', '대부분'이라는 표현을 사용해서 부하직원을 고립시킵니다. 이런 방식으로 자신의 의견이나 입장을 강화함으로써 당신이 아무 말도 못 하게 만드는 것입니다.

부정적인 단어를 삼가고
긍정적인 단어로 받아치기

사회적 증명의 원리를 악용하는 상대에게 대처하기 위해서는 냉정한 판단력과 독자적인 가치관을 갖추는 것이 중요합니다.

공격적인 언동이나 압력에 맞서서 명확하고 건설적인 반응을 보이면 자신의 입장을 지키면서 좋은 인간관계를 유지할 수 있습니다.

> **부하** 분명 부서의 많은 사람들이 제 의견과는 다른 생각을 갖고 있다는 것을 알고 있습니다. 한편으로는 저의 아이디어는 새로운 관점으로 바라보는 것이라고 할 수 있습니다. 여러 가지 의견을 모두 존중하는 차원에서 다시 한 번 구체적으로 검토해보면 어떨까요?

일단 상대의 의견을 받아들이면서 '한편으로'라는 말로 자신의 신념과 가치관을 전달하고 있습니다.

"하지만 저의 아이디어는 새로운 관점으로 바라보는 제안입니다"와 같이 '하지만'이라는 접속어를 사용하고 싶을 것입니다. '하지만' 혹은 '그렇지만'이라고 시작하면 부정적인 느낌을 줄 수 있습니다. 상대에게 반감을 주지 않기 위해 '한편으로'라는 말을 사용했습니다.

또한 이런 식으로 대답할 수도 있습니다.

> **부하** 대다수가 제 의견에 반대하고 있다고 들었습니다. 한편으로 저 역시 다섯 분에게 의견을 여쭤봤는데 대체로 찬성 의견과 함께 개선할 점을 알려주셨습니다. 그 조언들도 포함해서 내일까지 새로운 아이디어를 제출하고 싶은데 검토해주시겠습니까?

이처럼 사회적 증명의 원리를 이용해 상대의 논리를 무너뜨리는 경향을 보이는 사람이라면 미리 찬성 의견을 낸 사람을 조사하고 의견을 받아두는 것도 효과적입니다.

그럼 상대에게 만만치 않다는 인상을 줘서 앞으로 부조리한 공격을 받는 일이 줄어들 것입니다.

부정적인 평가에
나를 맞출
필요 없다

'사람은 긍정적인 정보보다 부정적인 정보에 더 주의를 기울이기 쉽고, 더 오래 기억한다'는 심리를 부정 편향이라고 합니다. 이러한 부정 편향을 이용하면 상대의 불안을 부채질해서 조종하기 쉽습니다.

부정적인 정보의 영향력은 예상보다 강력하고 우리의 의사 결정에 깊이 작용합니다.

예를 들어 온라인에서 컴퓨터를 구입하려고 하는데 긍정적인 후기가 많이 달린 상품을 발견했다고 합시다. 그런데 하나라도 부정적인 리뷰를 발견하면 구매를 망설이게 되죠. 나쁜 뉴스나 부정적인 정보에 더 강하게 반응하는 현상입니다.

부정 편향은 대인관계에서, 때로는 직장 내 괴롭힘에 악용될 때가 있습니다. 부정 편향을 이용해 불안이나 분노를 부채질하는 것이죠.

상대가 공포를 느낄 만한 부정적인 정보를 의식적으로 주고, 이후의 판단 능력을 떨어뜨리는 전략입니다. 결과적으로 당신은 되받아칠 기력을 잃어버리게 되죠.

작은 비판으로
상대를 지배하기

당신이 관여하고 있는 프로젝트를 예로 들어볼까요? 진행이 조금 늦어지고 있지만 허용 범위 내에 있고 전체적으로 순조롭게 진행되고 있습니다. 또한 프로젝트가 지연되는 원인은 당신에게만 있는 것이 아니라 다른 여러 가지 요인들이 작용하고 있기 때문입니다.

상사   자네 때문에 프로젝트 진행이 늦어지고 있어.

자네만 아니었다면 더 순조롭게 진행됐을 텐데
말야.

부하 저 때문에……

상사 어쩔 셈이야?

부하 개선하겠습니다.

상사 너무 안이하다고 생각하지 않나? 이거 말고도
신경 쓰이는 게 또 있는데 말야…….

상사는 부하직원에게 압력을 가하며 공포심을 불러일으
키고 있습니다.

부하직원은 전체적으로 순조롭게 진행되고 있다고 생각
했지만 상사의 작은 비판이 마음을 무겁게 덮칩니다. 그러
자 정신적으로 불안정해질수록 더 깊은 고민에 빠지게 되
었습니다.

비판을 쏟아붓는 사람에게
도움 요청하기

이러한 상황에서는 무엇보다 냉정하게 대처해야 합니다.

구체적인 개선책이나 아이디어가 있다면 확실하게 전달하고 즉시 실행해서 개선해나가야 합니다.

> **나**　다음과 같은 보완책을 생각하고 있습니다. 의견을 주시겠습니까?

다만 큰 충격을 받아 무엇을 해야 좋을지 도무지 감이 잡히지 않을지도 모릅니다. 개선책이 있어도 평정심을 잃은 나머지 실행에 옮기지 못하기도 합니다.

그럴 때는 재빨리 인정하고 도움을 구하는 것이 좋습니다.

> **나**　정말 죄송합니다! 지금 갑작스러운 상황이라 좋은 생각이 나지 않습니다. 도와주세요!

'잘 모르겠습니다', '도와주세요'라고 자신을 낮추는 '전략'을 취합니다. 전략적으로 이렇게 한다는 것은 실제로 능력이 없다는 것이 아니라 능력이 없는 '척한다'는 의미입니다.

진심으로 자신이 무능하고 노력하지 않는 인간이라고 생각하고 침울해하며 고민할 필요 없습니다. 당신을 진심으로 존중하고 소중하게 대하는 사람에게 마음을 쓰는 것으로 충분합니다. 불합리하게 비판을 쏟아붓는 사람들에게 얽매여 스스로를 궁지에 몰아넣고 그들의 기대에 부응하려고 노력할 필요 없습니다.

당신의 노력을 공정하게 평가해주는 사람만이 진정으로 당신의 노력에 보답하고 인정해주는 사람입니다.

의도적으로 당신을 괴롭히는 사람에게 맞춰 스스로를 바꾸려고 필사적으로 노력하는 것은 시간 낭비입니다. 왜냐하면 그런 상대는 당신이 아무리 노력해도 '그걸로는 충분하지 않다', '그런 뜻이 아니다', '아무런 발전이 없다'며 또다시 지적하고 공격하기 때문입니다. 상대의 이런 비판을 일일이 상대할 필요 없습니다.

상대를 자기 마음대로 움직이려 하는 사람들에게 대처하는 법

부정 편향을 내세워 공격하는 사람은 여러 가지 유형이 있는데, 각각의 유형에 맞게 다른 반응을 보이며 대처하는 것이 좋습니다.

상대 또 실수했나? 이런 건 아무나 할 수 있는 거 아
닌가? 다른 사람 같으면 더 빨리했어.

사소한 것까지 지적하는 유형

작은 실수도 일단 발견하면 지적하지 않고는 못 견디는
유형입니다. 완벽주의 성향을 가진 자신의 가치관이나 요
구를 강요하고 상대의 흠을 들춰내는 것을 좋아하는 사람
입니다.

이런 사람에게는 다음과 같이 말하면 효과적입니다.

나 지적해주서서 감사합니다! 그렇잖아도 잘 안 풀
려서 고민하고 있었어요. (미소를 지으며 밝은 목소
리로) 이럴 땐 어떻게 하면 좋을까요?

이처럼 사과하고 나서 상대에게 가르침을 갈구하는 척해
봅니다. 상대에게 우월감이라는 선물을 주면 공격 욕구가
떨어지게 됩니다.

모든 일을 남 탓으로 돌리는 유형

잘못은 전부 남의 탓으로 돌리고 자신을 정당화하는 유형입니다. 자존심이 세고 생각을 잘 바꾸지 않는 완고한 특징을 갖고 있습니다.

이런 사람에게는 다음과 같이 말하면 효과적입니다.

> 나　문제를 근본적으로 해결하기 위해 구체적으로
> 어느 부분에 문제가 있는지 말씀해주시겠어요?
> (낮은 목소리로 표정 없이) 어쩌면 제가 놓치고 있
> 는 부분이 있을지도 모르니까요.

상대방은 비난받는 것을 가장 싫어합니다. 한 발 물러서서 대화의 초점을 '누구 탓인지'에서 '어떻게 해결할 것인지'로 바꾸는 것입니다.

이런 사람은 문제를 진지하게 해결하고자 하는 의지가 애초에 없고 복잡한 사태를 피하고 싶어 합니다. 그래서 문제점이 무엇인지 구체적으로 물어보면 오히려 한 발 물러서게 마련입니다.

남보다 우위에 서고 싶은 유형

어쨌거나 자신이 우위에 서고 싶어 하고, 자신이 상대보다 우월하다는 점을 내세우는 사람입니다. 이들은 상대보다 우위에 서서 인정 욕구를 채웁니다.

이런 사람에게는 다음과 같이 말하면 효과적입니다.

> **나** 아! 죄송합니다. 그러셨군요! 더 빨리하실 수 있군요. 역시 대단하십니다! 그런데…….

이처럼 재빨리 화제를 바꾸고 서둘러 그 자리를 벗어나는 것이 좋습니다. 상대방이 우위에 서는 데 성공했다고 느낀다면 그것만으로도 이겼다고 내심 만족할 것입니다.

따라서 당신이 지적당한 내용을 해결하려고 할 필요는 없습니다. 화제를 바꾸거나 그 자리를 벗어나도 전혀 문제없습니다. 상대는 이미 마음속으로 승리를 거머쥐었다고 느끼고 있기 때문에 더 이상 추궁하지 않을 것입니다.

상대에게 화풀이를 하는 유형

스트레스 해소를 위해 상대방에게 자주 화를 내는 유형

만만하지 않은 한마디

입니다. 이들은 매우 공격적이고, 자신보다 약한 입장에 있
는 사람에게 서슴없이 화풀이를 합니다.

이런 사람에게는 다음과 같이 말하면 효과적입니다.

> 나 정말 죄송합니다. 마음이 너무 괴롭습니다. 심
>   장이 계속 두근거려서 미치겠네요.

애초에 스트레스 해소를 목적으로 화풀이를 하는 사람
과는 제대로 논의할 필요 없습니다. '당신의 화풀이 공격에
저의 몸과 마음이 무너지지 않습니다'라는 태도를 보이고,
제삼자에게까지 들리도록 소리 내어 말합니다.

사실은 그렇지 않더라도 상관없습니다. 아무렇지 않게
다른 사람에게 짜증을 부리는 사람들을 일일이 상대할 필
요 없습니다. 그런 상대에게는 제대로 말한들 아무것도 달
라지지 않습니다.

무엇보다 중요한 것은 당신의 몸과 마음을 망가뜨리려
한다는 점을 명확하게 전달하는 것입니다.

무리해서 '괜찮아요', '문제없어요'라고 말하는 것은 피해
야 합니다. 나중에 '괴롭힘 때문이었다'고 호소해도 그때는

'괜찮다'고 말하지 않았느냐고 부당하게 비난받을 위험이 있습니다.

그들은 부정 편향을 악용해서 상대를 제어하고 자신이 의도한 대로 상대를 움직이려고 합니다. 냉정함을 유지하면서 공포심에 휩쓸리지 말고 침착하게 대응하는 것이 중요합니다.

부정 편향의 발동을
억제하는 습관

우리의 감정 기억은 뇌의 편도체에 새겨져 있습니다. 물론 부정적인 기억도 편도체에 깊이 새겨집니다. 부정 편향으로 인해 우리는 부정적인 감정이나 기억을 뇌의 깊숙한 곳에 축적하는 경향이 강합니다.

고대의 인간은 다른 동물에 비해 물리적으로 약했기에 생존하기 위해서는 주변 환경이나 위험을 민감하게 살펴야 했습니다. 그 결과 뇌는 위험을 감지하면 신속하게 대응하기 위한 시스템으로 부정 편향이 강화된 것입니다.

당신에게 비판적인 말을 하는 사람들에게 과도하게 반응

하는 이유도 부정 편향 때문입니다.

부정적인 정보를 강하게 받아들이면 그로 인해 스트레스나 불쾌감이 증대되고, 그 정보나 감정이 마음속 깊이 새겨집니다.

부정 편향이 지나치게 발동되면 당신의 정신을 서서히 좀먹게 됩니다. 이를 방지하기 위해서는 부정 편향의 발동을 억제하는 대책이 필요합니다.

우선 소리, 언어, 움직임을 이용해 자신감을 덮어쓰는 전략이 있습니다.

일상에서 기쁨, 즐거움, 행복을 느낄 수 있는 사건을 가볍게 넘기지 말고 사소한 것이라도 그때마다 확실하게 끄집어내서 소리, 언어, 움직임으로 표현해보세요.

방법은 간단합니다. 기쁨, 즐거움, 행복을 느낀 순간에 '좋아!', '야호!' 하고 제스처와 함께 표현합니다. 승리의 V 자를 그리거나 한 팔로 허공을 강하게 치는 동작도 있습니다.

'나는 지금 부정 편향을 뛰어넘는 행복을 느끼고 있다'고 편도체에 의도적으로 기억을 남기는 작업입니다. 이를 반복하면 장기 기억에 자신감을 남기는 작업을 의도적으로 늘릴 수 있습니다.

많은 사람들이 스스로의 '강인함'이나 '능력'을 '자신감'의 지표로 삼습니다.

하지만 외부의 평가나 다른 사람과 비교해서 얻는 자신감은 상황이나 환경의 변화에 따라 흔들리기 쉬운 법이죠.

지금부터는 자신감을 기쁨, 즐거움, 행복의 총량이라고 정의해보세요. 일상에서 이러한 감정들을 늘리는 경험을 반복하고 소중한 사람들과 공유하면 자신감이나 자기평가를 높이는 데 큰 도움이 됩니다.

또한 긍정적인 사건이나 경험을 의식적으로 떠올리는 행동을 하다 보면 그 기억들을 잘 정착시키고 자신감이나 자기긍정감을 강화할 수 있습니다.

이러한 긍정적인 태도와 의식이 장기적으로 자신감을 쌓는 열쇠가 됩니다.

자신감을 얻기 위한
6단계

그렇다면 자신감을 얻기 위한 6단계를 알아볼까요? 상대방의 부조리한 공격에 맞서고 효과적으로 되받아치기

만만하지 않은 한마디

위한 토대가 될 테니 할 수 있는 것부터 차근차근 시도해 보기 바랍니다.

· 1단계 자기 인식

자신의 감정이나 반응을 의식하고 부정 편향이 있음을 이해한다.

· 2단계 긍정적인 경험 쌓기

일상에서 작은 기쁨이나 성공을 의식적으로 느끼고 그것을 소리, 언어, 움직임(야호! 좋아!) 등으로 표현한다.

· 3단계 감정의 공유

긍정적인 사건을 체험하면 가족이나 친구와 공유하면서 그 감정을 강화한다.

· 4단계 감정 돌아보기

과거의 긍정적인 사건이나 경험을 정기적으로 떠올리고 그 기억을 강화한다.

· **5단계 나를 받아들이기**

나의 장점이나 단점을 받아들이고 자신의 가치를 인식한다.

· **6단계 지속적인 배움**

새로운 경험이나 배움을 통해 자신을 성장시키고 자기긍정감을 높인다.

이 단계들을 의식적으로 실행하다 보면 지속적으로 자신감과 자기긍정감을 기를 수 있습니다.

만만하지 않은 한마디

선택의 여지가
없는 질문에
말려들지 않는 법

패스트푸드점에서 점원에게 "사이드 메뉴는 감자튀김으로 하시겠어요? 아니면 샐러드로 하시겠어요?"라는 질문을 받은 적이 있을 것입니다.

이 질문의 형식은 사실 잘못된 전제 암시의 일종입니다. 사이드 메뉴를 추가하는 것을 전제로 하고 있으므로 우리는 감자튀김이나 샐러드 중 하나를 고를 수밖에 없습니다. 사이드 메뉴 자체를 추가하지 않는 선택지가 있는데도, 교묘하게 배제해버린 것이죠.

이것은 우리가 제시받은 선택지 중에서 하나를 선택하는

경향이 있다는 심리를 이용한 것입니다.

'잘못된 전제 암시'란 사실이 아닌 전제를 상대에게 주입해서 그 사람의 판단이나 행동을 조작하는 심리 기술입니다. 자신이 바라는 방향으로 상대를 교묘하게 이끄는 것이죠.

잘못된 전제 암시는 직장에서 동료에게 도움을 받고 싶을 때도 응용할 수 있습니다.

"이 자료를 복사해주거나 텍스트를 좀 입력해줄래?"라고 물어보면, 상대는 무의식중에 당신이 원하는 일을 돕게 됩니다. 도와주지 않아도 되는 선택지를 아예 배제하고 도와주는 것을 전제로 질문하는 것이죠.

그러나 이 잘못된 전제 암시는 때때로 직장 내 괴롭힘의 수법으로 악용되기도 합니다.

제3의 선택지도 있음을 명심하라

상사에게 다음과 같은 말을 들었을 때를 예로 들어볼까요?

> 상사　자네의 성과가 낮은 것은 노력이 부족하거나 의

욕이 없거나 둘 중 어느 쪽이지?

이 질문은 '노력이 부족하다', '의욕이 없다'는 것을 전제로 하고 있습니다. 하지만 반드시 노력의 양이나 의욕이 성과와 직결되는 것은 아니므로 다른 요인도 생각할 필요가 있습니다.

그 말을 들은 당신은 이렇게 대답해보는 것은 어떨까요?

> 나   지적해주신 점 감사합니다. 실례가 아니라면 어떨 때 저의 노력이나 의욕이 부족하다고 느끼셨는지 알려주시겠어요? 저는 최선을 다하고 있다고 생각합니다. 눈에 띄는 결과도 내고 있고요. 제가 알아채지 못한 부분이 있을지 모르니 구체적인 피드백을 주시면 정말 큰 도움이 될 것 같습니다. 늘 감사합니다.

잘못된 전제에 기반한 암시나 조작에 대항하는 방법을 명확하게 보여주는 대답입니다.

우선 부족한 점이나 자신이 최대한 노력하고 있다는 점

을 솔직하게 전달하고 있습니다. 그리고 미처 생각지 못한 부분이 있을지도 모른다는 것을 인정하고, 다른 사람의 피드백을 적극적으로 요구함으로써 스스로 개선하고 성장할 기회를 넓히고 있습니다.

　이 접근 방식은 단순히 상황을 받아들이는 것이 아니라 스스로 미래를 개척하는 적극적인 자세를 반영하고 있습니다.

사실에 초점을 맞춰서
전달하라

　다른 사례를 하나 더 들어보겠습니다. 앞서와 마찬가지로 상사에게 다음과 같은 말을 들었습니다.

> 상사 　보고서를 또 제때 안 낸 거야? 자네는 책임감이 없나? 아니면 회사를 그만둘 생각인가?

　이 발언은 '책임감이 없다', '회사를 그만두려고 한다'는 것을 전제로 하고 있습니다. 보고서 제출이 늦은 이유가 반드시 책임감이 없거나 그만둘 생각이 있어서라고 할 수 없습니다. 그 밖에 다양한 이유가 있을 텐데도 둘 중 하나를 선택하도록 유도하고 있습니다.

이렇게 말하는 상사에게 다음과 같이 대응해볼까요?

> **나** 정말 죄송합니다. 보고서 제출이 늦어진 이유는 우선순위가 높은 다른 업무가 있었기 때문입니다. 그렇지만 책임감이 없다고 생각하시는 게 당연합니다. 앞으로는 기한 내에 제출할 수 있도록 계획을 다시 점검하겠습니다. 다시 한 번 죄송합니다.

여기서는 잘못된 전제 암시로 세뇌하려는 의도를 교묘하게 회피하고 사실을 명확하게 전달하는 데만 초점을 맞추고 있습니다. 부적절한 전제('책임감이 없다', '회사를 그만두려고 한다')로 공격하면 당신의 감정에 파도가 일고 심란해질지도 모릅니다. 여기에서 '책임감을 느끼며 일하고 있습니다!', '회사를 그만둘 생각 같은 건 없습니다!'라고 감정적으로 대답하면 상대방이 의도한 대로 되는 것입니다. 오히려 상대가 공격의 화살을 더 많이 날릴 수도 있습니다.

> 상사　책임감이 없으니까 실수를 하는 거지! 회사를 그만두지 않고 계속 다닐 생각이면 왜 진심을 다해 일하지 않는 거야?

이렇게 추가 공격을 할 때도 상대가 암시하는 잘못된 전제는 무시하고 사실을 확인하는 것, 사실을 전달하는 것에만 초점을 맞춰서 대답하는 것이 현명합니다.

시작과 끝에
긍정적인 말을 배치하라

상대의 공격에 대한 대답의 예시를 보면 처음과 마지막에 '감사합니다', '죄송합니다'를 반복하고 있습니다. 일정한 말이나 문구를 반복함으로써 강조하는 효과를 얻고자 하는 것입니다. 듣는 사람에게 깊은 인상을 남기는 것이죠.

듣는 사람은 반복하는 부분을 특히 중요하다고 받아들이고, 당신이 전달하고자 하는 내용을 더 빠르게 이해합니다. 감사하다거나 죄송하다는 표현을 반복하면 상대방의 분노나 불쾌감이 누그러져서 공격성이 떨어지는 효과가 있습니다.

이러한 반복법에는 몇 가지 종류가 있는데 여기서는 어구를 반복하고 있습니다. 말의 시작과 끝에 똑같은 단어나 문구를 배치하는 기법이죠. 듣는 사람의 주의를 더 잘 끌어당기는 지점에서 반복하는 것입니다.

말의 시작과 끝에 특히 주목하기 쉽기 때문에 여기에 중요한 메시지를 배치하면 그 의미가 강조되어 기억에 더 잘 남습니다.

되받아치는 법을 알려주는 예시는 아니지만 알기 쉬운 예를 들어 설명하겠습니다.

예시 　좋아합니다! 싸우거나 욱할 때도 있지만…… 그래도…… 좋아합니다!

'좋아합니다'라는 표현을 반복해서 상대에 대한 사랑을 강조하고 있습니다.

잘못된 전제를 무의식적으로 받아들이면 타인의 부정적

인 말에 쉽게 동요하고 자신감을 잃기 쉽습니다. 그러나 구체적이고 논리적으로 사실을 지적하면 부정확한 인식을 바로잡을 수 있습니다. 여기에 상대의 주의를 끌 수 있는 어구를 반복해서 공격적인 태도를 누그러뜨리는 것입니다.

이러한 방법은 타인에게 정신적 폭력을 가하는 상대에게 특히 효과적입니다.

냉정하고 확고한 커뮤니케이션을 통해 자신의 입장을 명확하게 지키는 것이 중요합니다. 나아가 상대가 무의식중에 잘못된 전제로 대화를 진행하더라도 부당한 요구나 압력에 대처하고 스스로의 권리를 지킬 수 있습니다.

일관성의 법칙이라는 올가미에 걸려들지 않기

우리는 한번 어떤 행동이나 태도를 취하면 그 후에도 같은 행동이나 태도를 유지하는 경향이 있습니다. 그 이유는 과거의 행동과 모순되는 행동을 할 때 심리적으로 불쾌감을 느끼기 때문입니다.

이러한 심리적 원리를 일관성의 법칙이라고 하죠. 이 심리 작용을 이용해서 작은 요구부터 큰 요구까지 받아들이게 만들 수 있습니다. 한번 열린 문에 발을 들이면 문을 닫지 못하고 점점 안으로 들어가는 것과 비슷한 원리입니다.

작은 요구를 한 다음
큰 요구를 하기

예를 들어 친구 A가 갑자기 '백만 원을 빌려달라'고 하면 대부분의 사람들은 경계할 것입니다. 하지만 '천 원만 빌려달라'고 하면 거리낌 없이 빌려줍니다. 그 후에 조금 더 큰 돈을 빌려달라고 하면 자신도 모르게 '그래'라고 대답해버립니다.

이것이 바로 일관성의 법칙이 가지는 힘입니다.

직원 1   이 자료 1분만 봐주실래요?

직원 2   네, 좋아요.

직원 1   그리고 이 자료를 토대로 보고서도 써주실 수 있을까요?

직원 2   네? 아, 네……. 알겠습니다.

이 대화에서 직원 1은 처음에 작은 요구(자료 체크)를 하고 그것이 받아들여진 다음에 큰 요구(보고서 작성)를 하고 있습니다.

이번에는 다른 사례를 살펴보겠습니다.

상사	잔업을 좀 부탁하고 싶은데 아주 간단한 일이라 금방 끝날 거야.
부하	네, 알겠습니다. 어떤 일인가요?
상사	내일 회의 자료인데 말이야, 인용 데이터에 오류가 있는지 처음부터 끝까지 전부 체크해줬으면 해.
부하	휴······. (간단한 일이라더니······)

상사는 처음에 작은 요구(잔업 부탁)를 하고 나서 구체적으로 큰 요구(자료 전부 체크)를 하고 있습니다.

거절하는 것도 하나의 대응법이다

상대의 요구가 적절하지 않은 경우나 자신의 일이나 사생활이 희생되는 경우에는 상사의 요구라 할지라도 적절한 대응이 필요합니다.

· 나의 입장을 명확하게 밝히기

상대의 요구에 대해 자신의 입장을 명확하게 밝히고 시간이나 체력적으로 힘들다는 것을 확실하게 전달해야 무리한 요구를 막을 수 있습니다.

일을 의뢰받았을 때 거절하더라도 상대방의 기분을 존중하고 감사의 뜻을 표현해야 원만한 관계를 유지할 수 있습니다.

> 나 　저를 믿고 의뢰해주셔서 감사하지만, 제가 지금 다른 업무 때문에 너무 바빠서 그 일을 맡을 여유가 없네요. 정말 죄송하지만 다른 분을 찾아보시는 게 좋겠어요.

· 대안 제시하기

모든 업무를 거절할 수 없는 경우라면 대안을 제안함으로써 서로에게 최선의 결과를 낳을 수 있습니다.

> 나 　그 업무는 어렵겠지만, 이외에 제가 할 수 있는 일이 있다면 돕겠습니다.

• 부분 승인과 횟수 제한

모든 것을 수락하는 것이 아니라 자신의 시간과 체력을 감안해서 일부만 수락하는 것입니다.

또한 매번 수락하지 않고 "이번엔 하겠지만 다음부터는 다른 사람에게 부탁해주세요"라고 횟수를 제한하는 것도 효과적입니다.

• 천연덕스럽게 말하기

조금 독특한 방식일지도 모르지만 상대의 공격에 직접 맞서는 것이 아니라 유머를 섞어서 받아넘기는 방법입니다. 눈 하나 깜짝 안 하는 담력과 어떤 상황에도 흔들리지 않는 냉정함을 보여주는 방법입니다.

> **나**　알겠습니다. 100년 후의 연락을 기다릴게요. 그 때쯤에는 가능할 거예요.
>
> **나**　지금은 너무 붐비니까 대기 명단에 추가해주시면 감사하겠습니다.

말로 공격하는 상대로부터 나를 지키고 스트레스를 줄

이기 위해서는 자신의 입장을 명확하게 전하는 것이 무엇보다 중요합니다. 거절할 때도 커뮤니케이션에 주의를 기울이면 인간관계를 해치지 않으면서 무리한 요구를 피할 수 있습니다.

만만하지 않은 한마디

필요 이상의 칭찬에 노예처럼 끌려다니지 않기

칭찬이나 감사의 말로 상대를 추켜세워서 의욕이나 협력을 환기시킨 다음 더 큰 것을 요구하는 사람들이 있습니다. 한마디로 '필요 이상으로 칭찬'하는 것이죠.

이러한 심리를 이용하는 사람들은 상대에게 호의를 표한 후 터무니없는 요구를 할 때가 있습니다. 그럼 그 말을 들은 사람은 호의를 갚아야겠다는 생각에 거절하기가 어려워집니다. 이것을 강화 영향(enhancing effect)이라고 합니다.

폭풍 칭찬으로
거절하기 어렵게 만들기

상대 ┃ 자네는 언제나 팀에서 귀중한 존재야. 최근에
진행했던 프로젝트가 성공할 수 있었던 이유는
뭐라고 생각하나? 자네의 의견을 들려줄 수 있
을까?

나 ┃ 감사합니다. 그건 말이죠……. 제 의견을 말씀
드려도 될까요?

상대 ┃ 물론이지. 자네의 의견은 우리한테 정말 소중
해. 우리도 배울 점이 있으니까. 그리고 말이야,
이번 주말에 혹시 추가 근무를 할 수 있을까? 마
감이 얼마 안 남아서…….

상대 ┃ 당신의 아이디어는 항상 참신하고 멋지네요. 이
번 성공의 이면에는 어떤 비결이 있나요? 조금
만 알려주시겠어요?

나 ┃ 음……. 딱히 특별할 건 없는데요…….

상대 ┃ 그럴 리가요! 배울 점이 많을 텐데요. 꼭 공유

해주세요. 그리고 주간 회의 말인데, 혹시 전부 정리해서 발표해줄 수 있을까요? 시간이 얼마 안 남았지만 당신이라면 충분히 할 수 있을 거예요.

강화 영향 효과를 이용한 사례입니다. 처음에 지나치게 칭찬을 받았다 싶으면 상대방이 무리한 요구를 해도 거절하기 힘들어집니다.

상사 대단하네! 정말 대단해!

부하 아니에요. 별거 아닌데요, 뭘.

상사 정말 훌륭해! 그럼 이 일은 자네가 좀 맡아줘. 보통은 제안한 사람이 그 일을 맡게 되어 있거든. 기대하고 있을게.

업무를 순조롭게 수행하기 위해 상사에게 몇 가지 업무 개선안을 제시했는데, 해당 일을 전적으로 떠맡게 된 경우입니다. 자신의 제안이라 거절하기가 더더욱 어려운 상황입니다.

감사의 뜻을
먼저 표하고 거절하기

각각의 상황에 맞게 적절하게 거절하는 방법을 알아볼까요? 먼저 첫 번째 사례에서는 다음과 같이 말해봅니다.

> 나 ┃ 칭찬해주셔서 감사합니다. 주말 출근 말인데요, 아쉽지만 저도 일정이 있어서 힘들 것 같아요. 하지만 다른 지원 방법이 있을지 생각해볼게요.

거절할 때는 감사의 뜻을 먼저 표현한 다음 대안을 제시해서 노력하고 있음을 보여줍니다.

> 나 ┃ 제 아이디어를 칭찬해주셔서 정말 기쁩니다! 감사합니다! 주간 회의 자료는 일정이 촉박해서 힘들 것 같아요. 그 외에 제가 지원할 수 있는 부분이 있을까요? 회의 자료 일부를 만들 수는 있을 것 같아요.

칭찬이나 감사의 말을 통해 다른 사람의 행동이나 협력

의욕을 높이는 방법은 언뜻 긍정적인 커뮤니케이션처럼 보입니다. 하지만 필요 이상으로 칭찬하여 오히려 상대방을 불리한 상황에 빠뜨리거나 업무를 떠넘기는 방법으로 악용되는 경우도 있습니다.

의도적으로 상대를 칭찬하거나 감사의 뜻을 표한 다음 과도한 요구를 해서 상대가 거절하기 힘들게 만드는 심리적 메커니즘은 사람들의 선의나 보상 심리를 왜곡해서 악용하는 것입니다.

이러한 현상은 노예처럼 일하는 회사원에게서도 발견됩니다. 자신의 시간이나 노력을 아끼지 않고 업무에 바치는 것이죠.

교묘한 강화 영향 효과에 빠져들어 개인의 생활을 희생하면서까지 일에 쫓기는 나날을 보낼 수 있습니다.

"너밖에 없어", "너가 없으면 일이 안 돌아가" 같은 말들로 사명감에 불을 지펴 노동을 장려하는 것입니다. 그 결과 젊은이들은 '필요한 존재라는 충실감'에 도취되어 과로의 늪에 빠집니다.

자존감이 낮고 타인에게 인정받는 데 굶주린 사람일수록 다른 사람의 부탁이나 칭찬에 마음을 잘 빼앗깁니다. 그들은 자신이 가치 있는 존재라고 느끼면 때로는 자신의 건강이나 행복을 방치하면서까지 기대에 부응하려고 애씁니다.

그로 인해 사람을 고양시킬 수 있지만, 오용하면 사람을 조종하고 착취하는 수단이 될 수도 있습니다. 강화 영향 효과는 적절하게 이용하면 동기를 부여하는 강력한 도구가 되지만, 악용하면 자유나 존엄마저 빼앗을 가능성이 있습니다.

우리 한 사람 한 사람이 그 힘을 올바로 이해하고, 타인을 존중하며, 서로 돕는 관계를 쌓아야 합니다.

큰 소리에도
위축되지
않는 태도

미국의 심리학자 Y. 로즈의 실험에 따르면 목소리의 크기는 사람의 인상에 큰 영향을 준다고 합니다.

이 실험을 통해 68데시벨 이하의 작은 목소리는 소극적이고 겁이 많은 인상을 주고, 76~85데시벨 정도의 목소리는 긍정적이고 쾌활하고 적극적인 인상을 주며, 86데시벨 이상의 큰 목소리는 공격적인 인상을 준다는 사실이 밝혀졌습니다.

또한 미국 데이턴대학교의 심리학자 찰스 킴블(Charles Kimble)은 "자신감과 목소리의 크기는 서로 관련이 있다"고 명백히 밝히고 있습니다. 그에 따라 작은 목소리로 소곤소곤 말하는 사람은 자신감이 없어 보이고 괴롭힘의 표적이 되기 쉽습니다.

누군가가 큰 목소리로 말을 쏟아내면 상대는 공격적으로 받아들이고 공포를 느끼는 것이 자연스러운 반응입니다. 따라서 큰 소리로 상대방에게 위압감과 겁을 줘서 아무 말도 하지 못하게 만드는 것도 일종의 직장 내 괴롭힘이 될 수 있습니다.

특히 평소에는 온화한 목소리로 말하는 사람에게는 큰 목소리가 더욱 무섭게 다가옵니다. 큰 소리를 듣고 공포를 느끼면 사고가 정지되어 상대가 말하는 대로 행동하게 됩니다.

예를 들어 상대가 큰 소리로 "그 일, 어떻게 됐어! 아직 안 끝났어?", "지난번에 말했잖아!"라고 말하면 위축되어서 아무 대꾸도 할 수 없게 됩니다.

위협적인 큰 소리로부터
나를 지키는 방법

· 오른쪽 귀로 들어라

인간은 오른쪽에서 들리는 소리에 호의적인 반응을 보이고 그 소리들이 뇌의 좌반구를 통해 우선적으로 해석된다고 합니다.

이탈리아 페스카라의 한 클럽에서 이루어진 흥미로운 실험을 통해 이러한 사실이 증명되었습니다.

담배를 원하는 여성이 실험 참가자의 오른쪽에서 말을 걸면 왼쪽에서 말을 걸 때보다 담배를 건네받을 가능성이 2배 높다는 것입니다.

이 실험 결과는 우리의 뇌가 소리를 어떻게 처리하고 그것이 감정에 어떤 영향을 미치는지를 잘 보여줍니다. 오른쪽 귀로 들어온 소리는 긍정적인 감정을 자극한다는 것입니다.

결과적으로 오른쪽 귀로 들으면 감정적 편향 없이 정보를 더 객관적으로 수용할 수 있습니다.

한편, 왼쪽 귀로 들어온 소리는 부정적인 감정의 영향을 받기 쉽기 때문에 스트레스나 불안감이 커질 가능성이 있습니다.

특히 감수성이 풍부한 사람은 왼쪽 귀로 부정적인 피드백을 들으면 과도하게 스트레스를 느끼기도 합니다. 고객을 상대하는 업무를 하던 중에 불쾌한 말을 들으면 아주 큰 타격을 받는 사람들도 있습니다.

괴롭힘 문제로 상담을 받은 사람들을 조사한 결과, 부정적인 대화를 경험한 대부분의 사람들이 무의식중에 왼쪽 귀로 정보를 받아들이고 있음이 밝혀졌습니다.

이 발견에 근거하여 곤란한 상황에 직면했을 때는 오른쪽 귀로 들으라고 조언했더니 이전보다 공포나 불안을 느끼는 일이 훨씬 줄어들었다고 합니다. 그 덕분에 냉정함을 유지하면서 상황을 적절하게 평가하고 온화하게 대응할 수 있었다는 것입니다.

오른쪽 귀로 듣는 것이 모든 사람에게 효과적이라고는 할 수 없습니다. 하지만 새로운 접근 방법으로 시도해볼 만한 가치가 있을 것입니다.

• 똑같이 큰 소리를 낼 수 있게 대비하기

상대방의 목소리가 커지면 대부분의 사람들은 두려움을 느낀 나머지 미처 반론할 엄두를 내지 못합니다.

그 이유는 큰 목소리에 대한 혐오감이나 공포감뿐 아니라 큰 소리를 내서 다른 사람에게 상처 주고 싶지 않은 마음이 있기 때문입니다.

다만 자신에게 상처를 주는 상대에게 지나치게 신경 쓸 필요는 없습니다.

큰 소리를 내는 데 저항을 느끼는 것을 극복하면 상대의 공격에 맞설 수 있습니다. 큰 소리로 반론할 수 있다는 자신감만으로도 마음에 여유가 생깁니다.

실제로 괴롭힘 때문에 고민하는 사람들이 목소리를 크게 키우면서 큰 소리를 내는 데 대한 저항감이 줄어들고 위협적인 큰 소리에도 면역이 생겨 더 이상 공포를 느끼지 않게 되었습니다. (큰 소리를 편하게 내기 위한 방법은 4장 참고)

• 불쾌한 말을 종이에 적어 휴지통에 버리기

과거에 큰 소리로 혼난 적이 있고, 그로 인해 트라우마나 상처를 안고 있다면 그 감정이 무서운 상사와의 커뮤니케이선에 영향을 미치기도 합니다.

트라우마를 해소하기 위해서는 그 당시 느낀 공포나 불안감을 회피하지 않고 떨쳐내야 합니다. 신뢰할 수 있는 사람에게 털어놓거나 노트에 적어 내려가 보세요.

고객이나 동료에게 큰 소리를 듣거나 부조리한 질책을 받았을 때 그 말을 복사 용지 뒷면에 적는 방법도 있습니다.

5분간 아무 생각 없이 상대에게 들은 불쾌한 말을 휘갈겨 적은 다음에는 그것을 동그랗게 구겨서 휴지통에 버립니다.

이것을 '네거티브 클리어 라이팅(negative clear writing)'이라고 부릅니다. 실제로 해보면 스트레스 해소에 아주 효과적입니다.

상대방에게 들은 불쾌한 말이나 그들의 태도에 대해 생각하지 않으려고 할수록 그때의 감정은 더 선명하게 치밀어 오르는 법입니다.

무언가를 생각하지 않으려고 할수록 오히려 그 일을 떠올리는 심리 작용이 있습니다.

당시에 들은 불쾌한 말을 마구 휘갈겨 적으면 뇌는 '그 문제에는 제대로 맞섰으니까 이제 잊어도 돼'라고 판단합니다. 그럼 몸과 마음의 긴장이 완화되고 자신감을 되찾을 수 있습니다.

　누군가에게 괴롭힘을 당했을 때나 하고 싶은 말을 하지 못해 답답할 때 시도해보면 곧바로 효과를 실감할 수 있습니다.

마음의 스위치를
교묘하게
이용하는 사람

하버드대학교 심리학과의 엘렌 랭어(Ellen Langer) 교수는 복사기를 사용하기 위해 순서를 기다리고 있는 줄의 맨 앞에 가서 양보해달라는 부탁을 다음과 같이 3가지 표현으로 시도해보았습니다.

① 제가 먼저 복사해도 될까요?

② 제가 좀 급한데 먼저 복사해도 될까요?

③ 복사를 좀 해야 하는데 제가 먼저 해도 될까요?

　만만하지 않은 한마디

3가지 표현 중에서 용건만 전달한 ①보다 이유가 포함된 ② 또는 ③의 성공 확률이 높았다고 합니다.

또한 복사 매수가 적은 경우, 본래의 이유인 '급하다'와 억지로 갖다 붙인 이유인 '복사를 좀 해야 하는데' 사이에서 큰 차이는 발견되지 않았습니다.

이 실험을 통해 무언가를 부탁할 때 "○○한 이유 때문에 △△해도 될까요?"처럼 설명을 덧붙이는 것은 상대방이 허락할 가능성을 높이는 효과적인 커뮤니케이션 전략임을 알 수 있습니다.

그와 동시에 근거가 약하거나 명백하게 논리적이지 않은 이유라 해도 "○○이니까 △△ 해줘!"라고 말하면 상대가 허용할 가능성이 있습니다.

이것은 어떤 이유를 들어 무의식적으로 특정 행동을 하게 만드는 심리 현상입니다. 이러한 점을 이용하면 다른 사람에게 무언가를 부탁했을 때 받아들여질 가능성이 큽니다. 하지만 이 방법은 상대를 괴롭히는 데 악용되기도 합니다.

적절한 이유를 붙여서
주장 관철하기

교대 근무를 하는 직원이 상사에게 다음과 같은 문자 메시지를 받았습니다.

> [상사] 오늘 수고 많았어. 다른 직원이 부업을 시작해서 빈 시간대가 생겼는데, 대신 메워줬으면 해. 근무표는 이미 변경해두었으니 잘 부탁해.

직원이 '불가능하다'고 연락하자 상사는 다음과 같이 답했습니다.

> [상사] 근무표를 이미 다른 사람들한테 공유해버려서 변경하기 어려운데…….

문자 메시지의 말미에는 "우리는 당신에게 의지하고 있으니 최선을 다해주세요"라는 말이 이어졌습니다.

자신보다 지위가 낮은 사람에게 합리적인 이유도 없이 지시하면 상대는 반론의 여지 없이 따를 수밖에 없습니다.

압도적으로 불리한 상황에 놓이는 것이죠.

> [상사] 이 일을 내일까지 끝내 줬으면 하는데.
> [부하] 죄송합니다만, 지금 다른 안건을 처리하고 있어
> 서요…….
> [상사] 급한 거니까 좀 해줘. 다른 사람한테 부탁하려
> 고 해도 다들 바쁘다고 하네. 자네밖에 없어. 혹
> 시 늦어지면 클라이언트한테 폐를 끼치게 되니
> 까 바로 처리해야 해.

이 대화에서 상사는 직원의 의향을 무시하고 '급하니까',
'다들 바쁘니까', '클라이언트에게 폐를 끼쳐서는 안 되니까'
라는 불합리한 이유로 지시를 강요하고 있습니다.

무리한 요구에는 한 걸음도
양보하지 않는 자세가 중요하다

무리한 요구를 하는 사람들은 준비나 기술이 부족한 경우
가 많습니다. 그들은 종종 상사라는 지위를 악용하고 문제의

책임을 다른 사람에게 떠넘기려고 합니다. 하지만 그러한 요구에 당신의 시간이나 에너지를 낭비할 필요 없습니다.

부조리하고 비논리적인 이유를 마치 옳은 것처럼 내세워서 부당하게 일을 시키려 한다는 것을 인식하는 것이 중요합니다. 그리고 상대방이 덧붙이는 이유들을 하나하나 받아들일 필요는 없습니다.

그저 간단하게 '현실적으로(능력이나 시간 등으로 인해) 힘들다'는 점만을 전달합니다.

이때 'ㅇㅇ라서'라고 이유를 붙여서 말해보세요.

> 나   능력, 시간, 체력적으로 무리입니다.
> 나   할 수 있을지 어떨지 일단 시뮬레이션을 해보겠습니다. 10분 정도 기다려주시겠어요?

- 10분 후 -

> 나   (시뮬레이션한 다음) 오늘 중으로는 불가능하다는 결론이 나와서 어려울 것 같습니다.

상대가 어떤 근거를 갖고 재촉하든 양보하지 말고 처음부터 확실하게 거절하는 것이 중요합니다. 한 번이라도 양보하면 그다음에는 "지난번에는 해주더니 이번에는 왜 안 해주는 거야?"라며 무리한 요구를 할 가능성이 있습니다. 처음에 한 걸음도 양보하지 말고 일관된 태도를 유지하는 것이 중요합니다.

그 일을 어쩔 수 없이 담당해야만 한다면 가능한 범위나 기간을 확실하게 정해서 처리해야 합니다. 혼자 모든 것을 떠맡지 말고 자신의 능력이나 한계를 인식하는 것이 중요합니다.

왜냐하면 일을 맡았는데 기대 이상으로 만족시키지 못하면 상대방은 그저 "왜 못 하는 거야"라고 비난할 뿐이기 때문입니다.

상대방이 곤란한 요구를 하면 그 의도를 파악하고 냉정하고 전략적으로 대응해야 합니다. 자신의 입장이나 의견을 분명하게 전달해야 스스로를 지킬 수 있습니다.

당연히
해줘야 한다는 듯
요구하는 사람

상사가 당신의 담당도 아닌 일을 강제로 떠맡긴 적이 없나요? 진지한 얼굴로 사뭇 당연하다는 듯 "이거 다음 주까지 해야 해. 언제까지 할 수 있겠어?"라고 말하는 식입니다.

상대방이 마치 자신의 제안을 이미 받아들인 것처럼 이야기를 진행하면, 결과적으로 그 제안을 받아들일 가능성이 높아진다는 심리를 이용하는 것입니다. 이런 방식으로 약속이나 합의를 더 쉽게 성사시킬 수 있습니다.

이것을 악용하면 듣는 사람의 사정이나 의향은 일절 무시하고 명령해서 거절하지 못하도록 하는 것입니다.

만만하지 않은 한마디

상사　부탁이 있는데 이 자료 좀 이번 주 중으로 만들 어줘. 언제까지 시간을 주면 될까?

이때 언제까지 시간을 줄면 될지 상대의 상황이나 의향을 물어봅니다.

나　그건 좀 힘들 것 같아요. 다음 주라면 가능할지도 모르겠네요. 잠시 확인해볼게요. (지금은 일이 겹쳐서 더 이상은 못 하는데……. 나중에 확인하고 나서 힘들 것 같다고 말해야지.)

- 몇 분 후 -

나　죄송해요. 일이 겹쳐서 다음 주까지도 힘들 것 같아요.

상사　뭐라고? 아까는 다음 주까지 할 수 있다고 했잖아! 거짓말이었던 거야?

나　죄, 죄송합니다……. 음…… 다음 주까지 할게요…….

어떤 가정을 기반으로 한번 답을 내리고 나면 그 답을 기반으로 행동하지 않았을 때 위화감이나 죄책감을 느낄 가능성이 있습니다. 이것이 바로 앞서 소개한 '일관성의 법칙'입니다.

'내 제안을 받아들이겠지'라는 가정하에 이야기가 그대로 진행됐을 때 거절하기 어려운 이유는 이러한 심리가 작용하기 때문입니다.

또한 여기서 자신의 '희망'이나 '조건'을 일단 말해버리면 (여기서는 '다음 주라면 가능할지도 모른다') 상대방의 요구대로 실행해야 한다는 부담감을 느끼게 됩니다. 이때 약속을 지켜야만 한다는 심리가 작용합니다.

그 후에 '아무래도 못 하겠다'고 거절했을 때 악용하는 쪽에서 '아까는 할 수 있다고 했잖아!', '한다고 했잖아! 거짓말이었던 거야?'라고 말하면 죄책감을 느끼게 되는 것도 같은 심리적 작용에서 비롯됩니다.

그런 죄책감에 시달리는 사람이라면 평소에 옷을 고를 때도 입어보는 것에 거부감을 느낄 가능성이 큽니다. '입어보고 안 사면 민폐다', '이상한 사람이라고 생각할지 모른다'고 내심 신경 쓰이는 것이죠.

만만하지 않은 한마디

하지만 심호흡을 한 번 하고 냉정하게 상황을 다시 바라보면 어떨까요?

당신은 '이번 주는 어렵지만 다음 주라면 가능할지도 모른다'고 솔직하게 상황을 전달했을 뿐입니다. 그 때문에 현실적으로 불가능하다고 설명하고 있습니다.

그럼에도 상대는 자신의 고정관념에 따라 당신이 임무를 완수할 수 있다고 믿고, 거절하면 비난의 말을 퍼붓습니다.

하지만 정말 그 비난을 견뎌야만 할까요?

우리 마음에 '일관성의 법칙'이 작용하고 있을 뿐이라는 사실을 인식하는 것이 불필요한 압박감이나 죄책감에서 벗어나는 첫걸음입니다.

확답을 최대한 미루고 자기 입장을 전달한다

이러한 상황에서 자신을 보호하기 위한 포인트는 상대의 제안이나 요구에 바로 동의하지 않고 결론을 연기하는 것입니다. 즉답을 하지 않는 것이죠. 대답을 미루고 정당한 이유를 덧붙여 상대의 부당한 요구를 차단할 수 있습니다.

"지금은 할 수 있을지 없을지 결론을 내릴 수 없어요. 상황을 확인해본 다음 다시 연락드리겠습니다. 그때까지 기다려주실 수 있나요?"라고 분명한 어조로 전달하는 것이 기본입니다.

비록 상대가 무서운 표정으로 답변을 미루는 것에 동의하지 않는 분위기를 풍긴다고 해도 "곧바로 대답했다가 잘못하면 오히려 불편을 드릴 수 있기 때문에"라고 말하면 됩니다.

> **나** 알겠습니다. 다만 조금 더 자세한 정보를 공유해주시면 스케줄을 조정하기가 더 쉬울 것 같습니다. (조정한다고 말하지 않는 것이 핵심) 구체적인 작업이나 마감기한, 우선순위에 대해 말씀해주실 수 있을까요?
>
> **상사** 할 수 있다는 거야, 못 하겠다는 거야? 이건 중요한 프로젝트야. 자세한 내용은 나중에 알려줄 테니까 일단 다음 주까지 마무리할 수 있겠지?
>
> **나** 우선 스케줄 조정이 필요하니 자세한 정보를 알

려주시면 감사하겠습니다. 가능하다고 했다가 나중에 불가능하다고 하면 불편을 끼쳐드릴 수 있으니, 정보를 바탕으로 답변드리겠습니다.

부당한 요구에 침착하게 자신의 입장을 전달하며 자세한 정보 제공을 요구했습니다.

이러한 요구를 차단하기 위해서는 명확한 커뮤니케이션과 요구의 근거를 제시하는 것이 중요합니다. 무엇보다도 누구에게나 좋은 사람이 되려 하지 말고, 상대의 표정을 지나치게 살피지 않는 것이 중요합니다.

비록 상대가 위압적으로 압박을 가하더라도 일단은 결론을 연기하고, 불편을 끼치고 싶지 않다는 점을 내세워서 상대의 전략을 차단하는 것이 결과적으로 신뢰를 떨어뜨리지 않고 거절하는 방법입니다.

"설득력 있는 화법은
상대방의 욕구와 두려움을 읽고
그에 맞춰 이야기하는 것이다."

데일 카네기
Dale Carnegie

3장

대화의 흐름을
1초 만에 바꾸는 7가지 패턴

상대의 말을
효과적으로 되받아치기 위한
핵심 패턴

　지금까지 상대를 괴롭히는 사람들이 구사하는 심리 기술과 그러한 상황에 대처하는 법을 알아보았습니다. 이 전략들을 이해하면 어느 정도 마음의 여유를 가질 수 있습니다.

　이제부터는 이러한 이해를 바탕으로 구체적인 대화 속에서 확실하게 반론할 수 있는 방법을 알아볼 것입니다.

　상대방의 공격적인 말에 맞서려면 언뜻 풍부한 어휘가 필요하다고 생각하기 쉽습니다. 그러나 실제로는 3가지 기본 패턴만 익히면 대부분의 상황에 충분히 대응할 수 있습니다.

되받아치는 법이나 말 바꾸기 기술은 많지만, 다양한 선택지를 기억해두었다가 즉석에서 자유자재로 활용하기는 쉽지 않습니다. 특히 상대의 공격적인 압박 속에서 대응할 만한 문구가 바로바로 떠오르지 않을 것입니다.

여기서 중요한 것은 기억하기 쉬운 기본적인 표현 몇 가지를 익히는 것입니다. 이것이 스트레스가 많은 대화 속에서 냉정함을 유지하는 핵심입니다.

우선 3가지 핵심 패턴을 깊이 이해하는 것부터 시작합니다. 이 3가지 패턴을 토대로 7가지 대답 템플릿을 마스터하는 것이 목표입니다.

이 패턴들은 실제 대화에 쉽게 적용할 수 있으며, 상대의 공격성을 완화하는 효과가 있습니다.

다시 말하지만 이 책의 궁극적인 목표는 단순히 상대를 이기는 것을 넘어, 공격적인 말을 민첩하게 회피하면서도 세련된 방식으로 대응하는 기술을 터득하는 것입니다.

7가지 대답 템플릿을 잘 활용하면 당신을 향한 상대방의 적대감이 지속될 가능성이 줄어들고, 결과적으로 마음의 스트레스를 덜 수 있습니다.

상대의 감정을 해치지 않고
할 말 다 하기

회사의 상사나 동료, 클라이언트, 부모, 친척, 배우자 등 끊으려야 끊을 수 없는 관계를 맺고 있는 상대에게 공격적인 말을 들었을 때 즉시 대응하는 능력으로 '포커 토크'가 있습니다.

포커페이스가 상대방에게 자신의 생각을 간파당하지 않기 위해 무표정을 유지하는 것이라면, 포커 토크는 상대방이 불안이나 두려움을 느끼지 않도록 말하는 기술입니다.

포커 토크의 핵심은 다음 3가지 기본 패턴입니다.

1 받아들이기

2 되묻기

3 받아들이고 되묻기

이 책에서는 곧바로 대답이 떠오르지 않는 사람들을 위한 '대응 템플릿 7가지'를 소개합니다.

상대방에게 불쾌한 말을 들었을 때 적절한 대답을 재빨리 찾기 어려운 사람들은 이 템플릿에 따라 대응하면 곧바로 효과를 볼 수 있습니다.

특히 앞에서 알아본 방법으로도 대처하기 어려운 상황에서 어떤 말로 어떻게 되받아쳐야 하는지를 알려드릴 것입니다.

기본적으로 적대하지 않으면서도 무시당하지 않고, 궁극적으로는 관계를 긍정적으로 발전시키는 태도가 중요합니다.

이 책에서 자세히 설명하는 7가지 템플릿을 각각 시도해보고 자신에게 맞는 것을 골라서 사용하면 됩니다.

상대를 적으로 만들지 않고
내가 원하는 상황으로 이끌기

상대의 공격을 되받아치더라도 상대의 악의에 휘말려 악의를 되풀이하는 방식은 피해야 합니다. 왜냐하면 악의적인 말에 악의적인 말로 되받아치면 자신 또한 본래 가지고 있는 선의를 잃어버리기 때문입니다.

선량한 사람이 악의에 맞설 때 악의로 대응하면, 오히려 여유를 잃고 자신감 없는 태도로 보일 위험이 있습니다.

단지 센 척하는 사람으로 보이면 주변 사람들에게 속이 좁은 사람으로 비쳐질 수 있습니다. 이러한 인상을 주지 않고 말하는 것이 중요합니다.

여기서 소개하는 방법은 어떤 상대에게도 응용할 수 있습니다. 악의 없이 무심코 상처 주는 말을 하는 상대에게도 효과적입니다.

이 방법의 목표는 상대와의 관계를 중립적으로 유지하는 것입니다. 적대적이거나 지나치게 협력적이지도 않은 균형 잡힌 태도로 대하는 것이죠. 기본적으로는 적대하지 않고, 무시당하지 않으며, 궁극적으로 관계가 개선되는 것이 가장 좋겠지만, 최소한 상대가 자신을 적으로 생각하지 않게 하는 것이 핵심입니다.

일부 사람들은 이러한 방법이 상대방에게 굽히는 듯 느껴진다는 의구심과 불만을 가질 수도 있습니다.

하지만 이 책의 취지는 상대를 철저히 이기는 것이 아니라 상대의 괴롭힘 대상에서 벗어나는 데 있습니다.

이러한 방법을 활용하면 상대방의 부정적인 말에 대한 면역력이 크게 향상될 수 있습니다. 예를 들어 상사의 비꼬는 말에 대한 내성이 생겨 불필요한 긴장감에서 벗어나 편안하게 사람들과 대화할 수 있습니다.

이 템플릿을 사용하여 상대방의 불쾌한 말에 당황하지 말고 자신감을 갖고 대응하길 바랍니다.

상대의 말에 휘둘리지 않고 당당한 태도로 대화를 이어가면 관계를 깨뜨리지 않으면서 더욱 풍부하고 건강한 대화를 나눌 수 있습니다.

효과적인 말을 적절히 선택하여 사용함으로써 스트레스 없이 인간관계를 구축해나가길 바랍니다.

[템플릿 1] 사실 인정

상대의 공격을
없었던 것으로 만든다

일상생활에서 공격적인 말과 행동을 하는 사람을 만날 때가 있습니다. 그런 사람에게 대처하는 방법 중 하나는 스트레스를 받지 않고 자연스럽게 되받아치는 것입니다.

그 방법의 기본은 '우선 받아들여 보자' 하는 마음가짐으로 상대에게 맞서는 접근법입니다.

상대방의 공격적인 말이나 행동에 대해 '그렇습니다', '맞습니다', '네, 말씀하신 대로입니다'라고 웃으며 대답하는 것입니다.

사실 이것은 상대의 입장에서 가장 불쾌한 대응 방식입

니다. 왜냐하면 괴롭힘의 기본 구조는 다음과 같기 때문입니다.

공격하는 측의 언어폭력
⇩
그 말을 받아들일 수 없어 고통받는 '피해자'

이 구조가 성립되려면 피해자가 존재해야 하는데, 상대방의 공격적인 말에 대해 "네, 그렇습니다. 맞습니다. 그런데 무슨 문제라도 있나요?"라고 태연하게 받아들이면 '피해자'가 탄생하지 않습니다. 이로 인해 괴롭힘의 구조가 무너집니다.

공격자가 원하는 것은 상대가 우울해하거나 침묵을 택하는 것입니다. 그것을 송두리째 무너뜨리는 것이 "네, 맞습니다" 혹은 "네, 말씀하신 대로입니다"라는 식으로 대응하는 태도입니다.

> 상사 : 아직 안 끝났어? 일이 느리네.
>
> 나 : 그렇죠. 느리네요.

상사	아직 안 끝났어? 일이 느리네.
나	네, 끝내기가 쉽지 않네요.

상대가 공격적인 말을 해도 웃으면서 그대로 받아들이고 반복하면 상대는 오히려 당황하게 됩니다.

처음에는 큰 용기가 필요하지만, 핵심은 너무 깊이 생각하지 말고 그대로 받아들이는 것입니다.

· 상대방은 나에게 "아직 일이 끝나지 않았다"고 말하고 있다.
· 상대방은 나에게 "일 처리가 느리다"고 말하고 있다.

부정적인 감정을 개입시키지 말고 담담하게 사실을 있는 그대로 인정하면 됩니다.

사실은 사실일 뿐
감정적으로 받아들이지 않기

상대방의 말과 행동을 해석하다 보면 부정적인 감정이

치밀어 오르게 마련입니다. '상대방은 나를 바보 같고, 둔하고, 무능하다고 말한다'라고 해석하면, '왜 이런 말을 들어야 하지?', '어떻게 그런 말을 할 수 있지?'와 같은 생각이 들면서 낙담하게 됩니다.

'정말 안 되겠네'라는 말에 '그런 소리는 안 해도 되잖아', '조금이라도 노력을 인정해줘야 하는 거 아냐'라고 분노의 감정이 치밀어 오릅니다.

공격적인 말에 낙담하는 대부분의 사람들은 부정적인 감정이 언제까지나 머릿속에서 메아리처럼 울려 퍼지는 상황이 반복됩니다.

이 방법은 부정적인 감정이 떠오를 틈도 없이 반사적으로 반응하거나, 부정적인 감정이 들더라도 "네, 맞아요"라고 웃으며 대답하는 것이 핵심입니다.

상대는 공격해도 아무 반응이 없다고 느낄 것입니다. 강한 내면을 가지고 있고, 무슨 말을 해도 꿈쩍도 하지 않는 사람이라고 여기면 더 이상 공격하고 싶은 마음이 들지 않게 마련입니다.

상대는 싸움을 걸었는데 전혀 주저하지 않고 그 말을 받아들이는 당신의 태도에 놀라고 당황할 것입니다.

다시 말해 공격하는 상대가 원하는 것은 당신이 겁을 먹거나 불안해하는 모습을 보이는 것입니다. 상대는 당신이 겁먹은 모습을 보면 자신이 더 강하다고 느끼고 인정 욕구가 충족되어 기뻐합니다.

그러나 당신이 태연하게 겁먹은 표정도 보이지 않고 깔끔하게 인정해버리면 상대는 기대했던 것들이 충족되지 않아 결국은 공격하는 의미를 잃게 됩니다.

인정하는 것이
가장 강력한 공격

상대의 말을 있는 그대로 받아들이는 대화를 통해 상대는 당신을 한 수 위로 여깁니다. 그리고 당신은 자신의 약점이나 단점을 솔직하게 인정할 수 있는 자신감과 여유를 연출할 수 있습니다. 결과적으로 당신은 더 긍정적인 평가를 받게 되죠.

이처럼 상대의 말을 받아들인다는 것은 언뜻 패배를 인정하는 듯 보일 수 있지만 사실 그것이 가장 강력한 공격인 셈입니다.

하지만 이 방법만으로는 상대의 공격에 충분히 대응할 수 없습니다. 다른 다양한 템플릿과 결합해서 사용할 때 더 큰 효과를 얻을 수 있습니다.

여러 가지 방법을 효과적으로 조합해서 공격적인 언행으로부터 당신을 보호하면서 건강한 커뮤니케이션을 할 수 있습니다. 또한 어떤 상대와도 대화가 더욱 원활해지고 스트레스에서 자유로운 삶을 사는 데 큰 도움이 될 것입니다.

[템플릿 2] 책임 추구

자신이 한 말을
책임지게 만든다

상대방이 무의식적으로 던진 말이나 불합리한 언어 공격에 대해 그 의미나 근거를 구체적으로 설명하도록 요구하는 방법이 있습니다.

'그게 무슨 뜻인가요?'라고 질문을 던지는 것이죠. 상대가 자신이 한 말의 의미나 배경을 설명하게 만드는 효과적인 수단입니다.

> 상대 바보 아니야?

> 나 그게 무슨 말이에요?

상대	이게 어떻게 된 거야! 설명해봐!
나	어떻게 된 거냐니 그게 무슨 말인가요? 자세히 말씀해주세요.

살짝 미소 짓거나 낮고 위협적인 목소리로 재빨리 "네? 그게 무슨 말인가요? 자세히 말씀해주세요"라고 말해봅니다. 상대의 말에 상처받을 틈도 없이 "그게 무슨 말이에요?"라고 태클을 거는 방법입니다.

감정적인 말을 쏟아낸 상대가 그 배경이 '이런 것이다'라고 구체적으로 설명하기는 어려운 법입니다.

상대는 "말 그대로야" 또는 "그런 것도 몰라?"라고 반박할지도 모릅니다. 하지만 여기서도 양보하지 말고 구체적인 의미가 무엇인지 요구하고 메모를 하면서 추궁해봅니다.

감정적 반응은
최악의 전략

이것은 무의식적으로 부정적인 말을 하는 사람에게 특히 효과적인 접근법입니다. 이 방법을 사용하면 다음과 같은 효과를 기대할 수 있습니다.

- 상대가 자신의 말에 책임을 느낄 수밖에 없다.
- 상대가 자신이 한 말의 의미나 배경을 명확히 설명함으로써 감정적인 공격에서 논리적인 논의로 전환될 가능성이 높다.

　공격하는 상대는 과거에 자신이 상처받았던 말로 당신을 공격합니다. 어린 시절이나 신입사원 시절, 윗사람에게 엄격한 질책을 받았던 그들은 비슷한 상황에 놓이면 그 경험을 반사적으로 떠올리게 됩니다.

　따라서 과거에 말하지 못하고 괴로웠던 감정이나 분노를 현재의 상대(당신)에게 발산하는 것입니다. 상대가 왜 나를 공격하는지 배경을 이해할 수는 있지만, 그렇다고 해서 나에게 상처 주는 행동을 결코 용납할 수 없습니다.

　실제로는 과거에 괴로운 경험을 했던 사람들 중에는 다른 사람에게 같은 아픔을 주지 않으려고 하는 사람들이 많습니다. 학대를 당한 모든 사람들이 똑같은 행동을 반복하는 것은 아닙니다.

　　　　　　　　　　　　　　　　　　　　　　만만하지 않은 한마디

하지만 일부 사람들은 자제력을 잃어버리기도 합니다. 그런 사람들에게 위축된 모습을 보이면 상대의 부정적인 감정을 더욱 부추길 뿐입니다.

그렇기 때문에 상대의 공격적인 말에 감정적으로 반응하는 것은 가장 피해야 할 행위입니다.

"그게 무슨 말인가요?"라고 차분하게 반복해서 물으면 상대가 자기 행동의 의미나 배경을 생각할 수 있습니다. 이를 반복하다 보면 당신에 대한 무의식적인 언어 공격이 줄어듭니다.

상대가
생각하게 만드는 질문

'그게 무슨 말인가요?'와 관련된 또 다른 핵심적인 표현은 '다시 한 번 말씀해주세요', '다시 한 번 말씀해주시겠습니까?'입니다.

이 표현도 감정적으로 반응하지 말고 지체 없이 툭 치는 듯한 느낌으로 내뱉어야 합니다.

협박, 위협, 욕설, 비아냥거림 같은 부정적인 말에 대해서는 자신을 보호하면서도 상대를 도발하지 않고, 당당한 태도를 유지하는 것이 필요합니다.

비꼬는 말로 반복해서 공격하면 이 표현으로 차분하게 대응하는 것이 효과적입니다.

친구와 식사를 하면서 어떤 주제에 대해 대화를 나누는데, 친구가 갑자기 이렇게 말했습니다.

> 친구   그런 걸 믿는 거야? 바보 아냐?
>
> 나   (곧바로) 다시 한 번 말해볼래?

그러면 친구의 태도가 갑자기 달라집니다.

> 친구   아냐, 농담이야. 그렇게 생각 안 해.

'다시 한 번 말해주세요'도 '그게 무슨 말인가요?'와 마찬가지로 상대의 공격 기세를 꺾는 표현입니다. 당신을 몰아넣는 상황을 피하는 것이죠.

상대의 말을 문자 그대로 받아들이지 않겠다는 의사를 명확하게 드러내는 강한 거부의 신호입니다. 그리고 '그런

말에 나는 굴복하지 않는다'는 의사를 표현하는 것이기도
합니다.

이런 말을 할 때는 2가지 포인트를 명심해야 합니다.

① 눈을 깜빡이지 않고 말한다.
② 말을 마친 후 3초간 상대의 왼쪽 눈동자의 한가운데
  빛을 계속 응시한다.

미국의 심리학자 셸던 테서(Sheldon Tesser)의 연구에 따르
면, 과거 대통령 선거 토론에서 패배한 후보자는 1분에 약
150번 눈을 깜박였고, 승리한 후보자는 99번 눈을 깜박였
다고 합니다.

눈 깜박임 횟수가 많은 것은 긴장감이나 불안감의 표현
으로 유권자에게 영향을 미쳤을 가능성이 있다고 합니다.
눈을 자주 깜박이면 긴장하거나 초조해하거나 흥분 상태에
있다는 것을 나타내게 되므로 주의해야 합니다.

구체적으로 반박할 필요는 없으며 이번에 소개한 단어만
잘 사용해도 충분합니다.

타인을 괴롭히는 사람이 가장 원하는 것은 상대가 되받

아치지 않고 순순히 요구에 응하는 것입니다. 말도 안 되는 요구나 협박에 굴복하지 않고 자신을 보호하기 위해 '그게 무슨 말인가요?', '다시 한 번 말해주세요' 2가지 표현을 꼭 활용해보세요.

[템플릿 3] 리프레임
상대의 말을
내 방식으로 재구성한다

　예기치 못한 상황에서 갑자기 상대에게 불쾌한 말을 듣고 마음이 상한 적이 있지 않나요? 그럴 때는 마음속으로 그 말을 '리프레임'해서 긍정적인 에너지로 변환해야 합니다.

　리프레임(reframe)이란, 말을 재구성하고 바꾸는 기술입니다.

　예를 들어 "일 처리가 느리네"라는 부정적인 말을 들었을 때 "네, 느립니다! 그렇기 때문에 다른 사람들은 보지 못하는 문제점이나 개선점을 찾을 수 있습니다"라고 긍정적인 말로 바꾸는 것입니다.

'그렇기 때문에'로
긍정적인 리프레임을 하기

순식간에 긍정적인 말로 바꾸는 것은 쉽지 않지만 요령만 잘 알면 한결 수월합니다.

우선 상대방의 공격적인 말을 그대로 받아들이고, 그 말을 똑같이 반복하는 것입니다. 그런 다음에 '그래서', '덕분에'와 같은 표현을 사용해 '●▽ 능력 덕분에 ▲○ 역량이 생겼다'와 같이 문장을 만들면 됩니다.

공식은 다음과 같습니다.

① 상대방에게 들은 악의적인 말을 그대로 반복한다.
② '리프레임'으로 악의적인 말을 긍정적인 말로 바꾼다.
③ '그래서', '덕분에'와 같은 표현을 사용해 긍정적인 효과를 강조한다.

상대   살이 많이 쪘네.

나   네, 살이 쪘어요. 살이 쪄서 마음의 여유가 더 생겼어요.

상대	너한텐 기대 안 하고 있어.
나	기대를 안 하시는군요. 기대를 안 하시니 압박에서 해방되었네요.

'살이 쪘다', '기대하지 않는다'와 같은 부정적인 말을 그대로 반복한 다음, '그래서'라는 말과 함께 덧붙이는 부분은 글로 읽었을 때 어색하게 느껴질 수도 있습니다.

하지만 실제 대화에서 사용해보면 상대는 아무런 반응을 보이지 않게 됩니다.

상대는 당신의 순간적인 반응에 대해 '왜 겁을 안 내지? 공격이 효과가 없는 건가?'라는 부분에 집중하기 때문입니다.

모든 일에는 앞과 뒤, 음과 양이 존재합니다. 눈앞에 보이는 부정적인 측면뿐만 아니라 긍정적인 측면도 살펴봐야 합니다. 악의적인 말에도 그 이면에는 성장의 씨앗이 숨어있을지 모릅니다.

리프레임이
어려울 때의 대처법

리프레임이 어려울 때는 "그게 좋다고 말하는 사람도 있어요"라고 받아치는 것이 효과적입니다.

특히 외모나 성격을 비판할 때 효과적입니다.

상대   너무 애교가 없네.

나   그게 좋다고 말하는 사람도 있어요.

상대방이 "누가 그런 말을 했어?"라고 추궁하면 "비밀이에요", "팬이에요", "개인 정보라서 말할 수 없어요"라고 농담처럼 가볍게 넘기면 됩니다. 악의적인 말을 하는 사람과 깊은 대화를 나눌 필요 없습니다.

비즈니스 상황에서도 리프레임 기술을 활용하면 마음의 평온을 유지하면서 자기 성장도 촉진할 수 있습니다. 언뜻 부정적으로 보이는 말에서도 그 이면에 숨은 긍정적인 메시지를 찾아내면 기분 좋은 일상을 보낼 수 있습니다.

'칭찬'처럼
리프레임을 하기

상대방의 악의적인 말이나 비아냥거림을 마치 칭찬인 것처럼 받아들이는 방법도 있습니다.

기본적인 반응 패턴은 "칭찬인가요?", "칭찬하시는 거죠?", "그렇게 칭찬하지 마세요"라고 말하는 것입니다.

또한 "그 말은 좋다는 뜻인가요?", "그 말은 흥미가 있다는 뜻인가요?"라고 말하는 것도 효과적입니다.

웃으면서 "그거 농담이죠?"라고 가볍게 되받아쳐 보세요. 상대방의 비판적인 말을 멋대로 긍정적으로 해석해서 당신에게 상처를 주려고 했던 상대의 기대를 저버리는 방법입니다.

> **상대** 프레젠테이션을 또 망친 거야? 그러고도 아무렇지 않아 보이네.
>
> **나** 멘탈이 강하다고 말하시는 건가요?

> **상대** 사생활이 너무 자유분방한 것 같은데.
>
> **나** 감사합니다. 저한테 그만큼 관심을 가져주셔서.

| 상대 | 뒤끝이 오래가는 성격인 것 같은데? |
| 나 | 끈기가 있다는 뜻이죠? |

상대가 의도적으로 비판해도 상대방의 말을 긍정적으로 받아들이면 스트레스 없이 대답할 수 있습니다. 이를 통해 상대의 말에 휘둘리지 않고 자신의 감정과 사고를 제어하면서 강인한 정신과 마음을 유지할 수 있습니다.

상대의 전의를
한순간에 꺾어버린다

때로는 어쩔 수 없이 욕설이나 능력을 매도하는 말을 듣는 경우가 있습니다. 이런 상황에는 어떻게 대처해야 할까요?

그런 비난을 받았을 때 내 마음을 지키기 위한 새로운 방법을 소개하겠습니다.

"머리가 벗어졌네", "살이 쪘네"처럼 콤플렉스를 자극하는 말이나 "일을 못하네", "일 처리가 느리네"처럼 능력을 부정하는 말에는 "도와주세요"라고 대꾸해보세요.

상대방이 "그걸 어떻게 도와줘!"라고 대답한다면 "그렇게 말하지 말고 좀 도와주세요"라고 다시 한 번 말해보세요.
이러한 표현을 반복하면 상대는 당황해서 공격 의지를 상
실하게 됩니다.

공격적인 태도를 바꾸는
심리적 변화

상대를 계속 공격하는 사람은 대개 다른 사람을 낮춤으
로써 자신을 돋보이게 하고 자신의 존재 가치와 자신감을
높이려는 것입니다.

공격적인 태도에 "도와주세요"라고 하면 상대는 의외의
반응에 당황해서 심리적인 변화를 일으킵니다.

미국의 심리학자 레온 페스팅거(Leon Festinger)가 제안한
'인지 부조화 해소'라는 이론에 따르면, 사람은 자신의 행동
과 인식 사이에 격차가 생기면 그 격차를 메우기 위해 자신
의 인식을 수정하는 경향이 있다고 합니다.

예를 들어 좋아하지도 않는 사람을 도왔을 때 "좋아서 도
운 것이 아니라 도왔기 때문에 좋아하게 된다"는 심리적 변
화가 일어납니다.

모든 사람에게는 인정 욕구가 있습니다. 공격적인 태도를 취하는 사람들도 밑바탕에는 그런 욕구가 잠재되어 있습니다. 따라서 그러한 태도는 내면적인 콤플렉스의 발현일지도 모릅니다. 그런 사람에게 "도와주세요"라고 말하면 그들의 욕구가 충족될 수도 있습니다. 그 결과, 그들은 당신을 존중하게 되고, 공격의 강도도 완화될 것입니다.

공격자에서 조언자로
단숨에 바꾸는 전략

이 기술을 더욱 발전시키려면 "어떻게 해야 좋을지 알려주세요"라는 말을 함께 사용합니다.

이 방법을 사용하면 상대방은 공격자에서 조언자로 역할을 전환하고, 더 건설적인 관계를 쌓을 수 있습니다.

실제 상황에서 어떻게 전개되는지 구체적인 대화 예시를 살펴보겠습니다.

상대   일이 별 진척이 없네.

나   정말 죄송합니다. 지금 막히는 부분이 있는데

도와주실 수 있나요? 어떻게 하면 효율적으로 진행할 수 있을지 가르쳐주세요!

상대 음, 일단 업무 관리 방법을 다시 점검해보는 게 좋을 것 같은데?

상대 그 아이디어는 별로 안 좋은 것 같은데.

나 그렇군요……. 그럼 어떻게 개선해야 더 좋은 아이디어로 발전할 수 있을까요? 구체적으로 어떻게 하면 될까요?

상대 음……, 사용자의 니즈를 좀 더 고려하는 게 좋지 않을까?

상대 보고서를 쓸 때 항상 같은 실수를 하네.

나 죄송합니다. 저도 개선하고 싶은데, 어느 부분을 주의 깊게 체크하면 좋을까요?

상대 데이터의 정확성을 세 번 확인하고, 문체의 일관성에 주목해봐.

상대가 지적하는 것을 그대로 인정하고 어떻게 하면 좋

을지 도와달라고 말하면, 상대방은 공격자에서 협조자로 변해 유익한 조언을 해줄 수 있습니다.

이 방법을 활용하면 공격적인 말을 피하고 더 건설적인 대화를 촉진할 수 있습니다. 상대방이 당신을 비판적으로 대하더라도 도움을 요청하면 그들의 심리를 긍정적인 방향으로 바꿀 수 있습니다.

이 접근법에 숨겨진 심리학적 메커니즘을 이해하면, 상대와의 관계를 더 원만하게 유지하면서도 상대방의 기대에 부응할 수 있습니다.

또한 상대방도 당신을 돕는 과정을 통해 자신의 가치를 다시 한 번 확인하고, 당신과의 관계도 더 단단해질 것입니다.

도움을 요청했을 때 상대방이 비꼬거나 불쾌한 말을 하더라도 진심으로 듣는 것이 중요합니다.

자신의 약점이나 곤란한 점을 솔직하게 전달하면 상대의 마음속에 어렴풋하게 남아 있을지도 모르는 양심이 자극되어 협조적인 태도를 보일 가능성이 높아집니다. 조언을 진지하게 받아들이면, 때로는 신뢰 관계가 더 깊어져서 좋은 결과를 기대할 수도 있습니다.

물론 상대의 악의적인 태도가 바뀌지 않을 수도 있습니다. 그렇다 하더라도 상대방의 지식이나 기술을 이끌어낼 수 있다면 그것만으로도 이익이라고 생각하고 도전해보세요.

일하는 방식에 대해 공격적인 말을 들었을 때의 대처법

마지막으로 직장이나 일상에서 다음과 같은 냉소적인 말을 들었을 때 어떻게 대처하는지 알아볼까요?

"나라면 그런 식으로는 절대 안 할 텐데."

"너무 구식 아냐? 요즘이 어느 땐데."

"그런 것도 몰라?"

"공부를 안 하는 거야?"

"노력이 부족한 거 아냐?"

이러한 말을 들었을 때는 상대방의 의도나 배경을 파악하고 적절하게 대처하는 것이 중요합니다.

이런 말을 하는 사람은 크게 다음 3가지 유형으로 나뉩니다.

① 자기 과시형
② 솔직한 감정 표현이 어려운 유형
③ 그저 불쾌한 말을 하고 싶은 유형

자기 과시형은 자신의 능력을 인정받고 싶은 욕구가 강한 사람입니다.

예를 들어 "나라면 절대 그런 식으로는 하지 않을 텐데"라고 말하는 사람은 사실 자기긍정감이 낮고 누구에게도 인정받지 못해 자신의 노력과 지식을 내세우고 싶어 합니다.

이런 배경을 이해하고 그들의 유능함을 칭찬해주는 것이 좋습니다.

솔직한 감정 표현이 어려운 유형은 성실하지만 소통 능력이 부족해 퉁명스럽게 말할 때가 많을 뿐 상대에게 악의가 있는 것은 아닙니다.

"너무 구식 아냐? 요즘이 어느 땐데"라고 지적하는 사람들은 좋은 결과를 내는 것을 삶의 보람으로 여깁니다.

이런 유형과 관계를 잘 쌓으려면 메모를 하거나 진지하게 배우는 자세를 보이고, "큰 도움이 됩니다. 꼭 가르쳐주세요"라고 경의를 담아 말하는 것이 효과적입니다. 열정이 전해지면 그들은 당신의 좋은 멘토가 되어 일의 능률을 높이는 데 도움을 줄 것입니다.

그저 불쾌한 말을 하고 싶은 유형은 단순히 "그런 것도 몰라?", "노력이 부족한 거 아냐?"와 같은 차가운 말을 하고 싶어 할 뿐입니다.

이들에게는 구체적인 질문을 던져 실제로 지식이나 경험이 있는지를 확인하는 것이 좋습니다.

결국 상대방의 진지한 정도나 의도를 파악함으로써 적절한 대응을 할 수 있습니다. 스스로도 구체적인 사실이나 수치로 설명하려고 신경 쓰면 불필요한 비판을 피할 수 있을 것입니다.

상대방의 불필요한
한마디를 차단한다

비교를 활용한 커뮤니케이션 기술은 상대의 불필요한 발언이나 비난을 능숙하게 피하는 방법입니다. 상대의 말에 똑똑하게 반응하여 불필요한 한마디를 차단하기 위한 것입니다.

상대가 악의적인 말을 하면 다음과 같이 반문해보세요.

"누구에 비해서요?"

"언제에 비해서요?"

"무엇에 비해서요?"

특히 외모나 내면에 대해 비난하는 상대에게 효과적인 방법입니다. 감정적으로 반응하지 말고 어디까지나 차분하고 똑똑하게 대응하는 것이 중요합니다.

상대 　살쪘네.

나 　언제에 비해서 말인가요?

나 　누구에 비해서 말인가요?

이렇게 대답하면 상대방은 다음과 같이 말할지 모릅니다.

상대 　예전에 비해서지.

상대 　누구긴 너지.

그럼 이렇게 대답해보세요.

나 　예전이라 함은 언제를 말하는 건가요?

나 　언제 적의 저를 말하는 건가요?

상대 　넌 모든 사람한테 잘 보이려고 하네.

나	누구에 비해서 말인가요?
상대	누구긴 너지.
나	언제 적의 저를 말하는 건가요?

핵심은 단점을 지적받았을 때 그 말의 의미를 깊이 파고 드는 것입니다. 그럼 상대는 자신이 한 말의 기준이나 비교 대상을 명확히 설명할 수밖에 없고, 계속 반복하다 보면 점 차 설명하는 것 자체가 귀찮아질 것입니다.

결국 상대방의 불필요한 한마디나 비판을 똑똑하게 피할 수 있습니다.

상대의 말을 더 깊이 파고들어서 무너뜨리기

"성격이 어둡네", "태도가 안 좋아", "주의력이 산만하네" 와 같이 성격이나 태도에 대해 갑자기 예상치 못한 지적을 받을 때가 있습니다.

이런 상황에서는 "노력하고 있어요", "개선하는 중입니다" 와 같은 표현을 사용해보세요. '지금은 형편없지만 열심히 노력하는 중'이니 괜찮다는 의미를 담고 있습니다.

사람의 외모나 내면을 노골적으로 비판해서는 안 됩니다. 하지만 상대를 배려하지 않는 사람들은 아무렇지 않게 그런 말들을 내뱉곤 합니다.

그럴 때는 "지금은 아직 완벽하지 않을지 모르지만 성장하는 과정에 있습니다"라는 의미를 담은 표현이 효과적입니다.

이러한 대응의 장점은 다음과 같은 메시지를 상대방에게 전달할 수 있다는 점입니다.

"저는 유연하게 의견을 받아들이고 있습니다."
"부족한 점을 개선하기 위해 노력하고 있습니다."
"관심 있게 봐주셔서 고맙습니다."

상대에 따라 어떻게 받아들일지는 다르겠지만, 적어도 "나는 동요하지 않습니다"라는 메시지가 전달될 것입니다.

나의 노력이나 성과를
얕볼 때의 대응

"그런 기획서가 잘도 통과됐네."

"어쩜 그렇게 자신만만하게 행동할 수 있는지 도무지 이해가 안 돼."

이런 비판적인 말을 들으면 노력을 부정당한 듯한 기분이 들어 우울해집니다.

안타깝게도 타인의 노력이나 성과를 가볍게 보는 사람들이 있습니다. 얼마나 열심히 노력해서 만들어낸 결과인지도 모르면서 무자비한 비난을 내뱉는 것입니다.

특히 자신감이 부족하거나 타인의 평가에 지나치게 신경쓰는 사람은 이러한 비판에 더욱 민감하게 반응하는 경향이 있습니다.

상대 그 기획서가 통과된 거야?

나 (주눅 들며) 열심히 하긴 했는데…….

이때 상대는 당신이 침울하게 대답하기를 기대합니다.

상대 　열심히 한 게 그거야? 믿을 수가 없네.

　멈추지 않고 비판의 강도가 점점 더 강해지는 상대에게 시간을 낭비할 필요 없습니다.

나 　(밝은 목소리로) 감사합니다! 덕분이에요!

　이처럼 감사의 말을 전하고 빠른 걸음으로 그 자리를 떠나는 것이 최선입니다.
　직장 내 괴롭힘으로 고민하는 대부분의 사람들은 상대방의 말을 진지하게 받아들이는 성실한 사람들입니다. 이들은 어떻게 해서든지 커뮤니케이션을 해야 한다고 생각합니다.
　하지만 그런 규칙은 없습니다. 자신의 성장에 아무런 보탬이 되지 않고, 불필요한 발언이라고 느낀다면 재빨리 그 자리를 떠나도 좋습니다.
　상대에게 특별히 신세를 지지 않았더라도 "덕분입니다! 감사합니다!"라고 말하고 그 상황을 정리하는 것이 최선입니다.

'감사합니다', '덕분입니다'의
심리적 효용

당신을 비난하는 상대에게 "감사합니다", "덕분입니다"라고 웃으며 말하기만 해도 공격 욕구를 떨어뜨리는 효과가 있습니다.

또한 밝은 목소리로 "감사합니다! 덕분입니다!"라는 말을 계속하기만 해도 상대방은 당신의 존재를 긍정적으로 인지하게 됩니다.

이것이 바로 심리학자 데니스 리건(Dennis Regan)의 실험에서 밝혀진 '상호성의 법칙'입니다.

스탠퍼드대학교의 남학생들을 대상으로 흥미로운 실험이 진행되었습니다. 먼저 학생들은 '미술품 평가'라는 가짜 과제를 받았습니다. 그런데 학생들 사이에는 스태프가 섞여 있었습니다. 스태프는 휴게 시간에 2가지 방법으로 콜라를 가져왔습니다.

① 자신의 콜라를 가져왔다.
② 자신과 다른 학생의 콜라를 함께 가져왔다.

실험 후반에 이 스태프는 학생들에게 "경품이 걸린 추첨 티켓 안 살래요?"라고 제안합니다.

과연 어느 학생이 티켓을 구입했을까요?

실험 결과에 따르면 콜라를 받은 학생이 받지 않은 학생에 비해 티켓을 산 비율이 약 2배 더 많았습니다.

놀랍게도 학생들이 스태프에게 어떤 감정을 느끼는지와 무관하게 콜라를 제공받았는지 여부가 티켓 구매 의욕에 영향을 미쳤습니다.

이것은 상호성의 법칙이 개인의 감정을 넘어서서 작용한다는 것을 보여줍니다. 상대방이 당신에게 적대적인 감정을 가지고 있더라도 효과를 발휘할 수 있다는 것입니다.

당신이 "감사합니다! 덕분입니다!"라고 긍정적으로 대답하면 상대방의 적대감은 서서히 줄어들어 결국 긍정적인 감정으로 바뀔 가능성이 높습니다.

상대를 당황시키는
최강의 한마디

상대의 공격적인 말에 "그래서 어쩌라고?", "그래서 뭐?", "그래서?"라는 식으로 냉정하게 대응하고, 질문을 던짐으로써 상대를 당황시켜 공격을 멈추게 하는 방법입니다.

조금 더 구체적이고 알기 쉽게 설명해볼까요?

동료 A 항상 고민이 없어 보여서 좋겠어요.

나 네, 고민 같은 건 없어요. 그래서요?

동료 B 이대로라면 결혼 못 할 것 같은데?

| 나 | 네, 이대로라면 결혼을 못 하겠죠. 그래서요?

이 전략은 상대가 자신의 부적절한 언행을 다시 돌아보게 만들고, 괴롭힘을 사전에 방지하는 데 목적이 있습니다. "그래서요?"라고 되물으면 상대방도 매우 껄끄럽게 느낄 수 있습니다.

상대방이 자신이 한 말을 더 상세하게 설명하도록 유도하는 방법인데, 이 과정에서 상대는 자신의 말이 직장 내 괴롭힘이 될 수 있음을 인식하게 됩니다. 결국 상대는 당신에게 불필요한 공격을 가하는 것이 위험하다고 느껴 점차 공격적인 말을 자제하죠.

이러한 커뮤니케이션을 활용하면 직장 내 괴롭힘으로부터 자신을 보호할 수 있습니다.

이것은 상대의 말에 대응하고 자기방어를 위한 수단으로 효과적이지만, 자기주장과는 다른 커뮤니케이션 기술입니다. 자신의 감정과 요구를 솔직하게 표현한다기보다는 상대의 부적절한 행동을 제한하고 자신을 보호하기 위한 전략이라고 할 수 있습니다.

상대방의 부적절한 언행을
재고하게 만들기

"그게 어쨌다는 거죠?", "그래서요?", "그런데요?"와 관련된 강력한 표현을 3가지 더 소개하겠습니다.

"이게 전부인가요?"

"그게 다인가요?"

"이제 됐나요?"

이런 표현을 사용할 때는 무엇보다 표정이 중요합니다. 심리학적으로 사람들은 무표정한 얼굴을 가진 사람에게 일정 수준의 '두려움'이나 '강인함'을 느낀다고 합니다.

미국에서 진행된 심리학 실험에 따르면 잡지 광고에 실린 사진 중 무표정한 모델의 사진이 미소를 짓거나 웃고 있는 모델의 사진보다 '더 강해 보인다'는 결과가 나왔습니다. 상대방에게 강인한 인상을 주고 싶다면 의식적으로 무표정한 얼굴을 보여주세요.

이를테면 약간 건방지다고 생각하는 부하직원이 "이 일, 정말로 꼭 필요한가요?"라고 질문했을 때 어떻게 대응하면 좋을까요?

그 일의 필요성을 논리적으로 설명하는 것도 좋은 방법일 수 있지만, 단순히 불만이 있어서 하는 말이라면 굳이 시간을 들여 설명할 필요 없습니다.

그럴 때는 장황하게 설명하는 대신 질문으로 답하는 방법을 추천합니다.

부하 이 일, 정말로 필요한가요?

나 필요 없다고 생각하는 이유가 뭐지?

부하 다들 하고 싶지 않다고 하는데요.

나 그게 무슨 의미지?

부하 저는 이 일을 하는 의미를 모르겠어요. 왜 이 일을 해야만 하나요?

나 ······ (조용히 무표정으로 부하를 응시한다)

부하 그러니까 왜······ 의미가······.

나 하고 싶은 말은 그게 전부인가?

부하 그건 아니지만······.

나 ······(조용히 무표정으로 부하를 응시한다)

부하 아, 알겠습니다. 하겠습니다.

| 나 | ……(조용히 무표정으로 부하를 응시한다)

냉정하게 "그게 다인가요?"라고 물은 다음 대답할 때까지 3초 정도 무표정으로 기다립니다.

처음에는 어렵게 느껴질지 모르지만, 이를 통해 부하직원이 자신의 말을 좀 더 깊이 생각할 수 있습니다.

상대가 스스로 생각할 기회를 주는 표현

부하직원의 질문에 바로 대답하지 않고 무표정으로 대응하여 스스로 생각할 기회를 주는 방법을 소개했습니다. 여기에 덧붙여서 상대의 성장을 바라는 마음이 있다면 "함께 생각해볼까?"라는 표현도 기억해두는 것이 좋습니다.

불평처럼 들리는 말도 사실 상대방이 단순히 커뮤니케이션에 서툴러서 무뚝뚝하게 표현하는 것일 수도 있습니다. 그래서 업무 효율성을 진지하게 고민하며 질문하는 것일지도 모릅니다.

회사생활을 할 때 후배와 소통이 잘되지 않아 어려움을

겪은 적이 있습니다.

> 후배 · 이 일은 크게 의미가 없지 않나요?
>
> 나 · 필요한지 아닌지는 내가 판단할 테니까 일단 해봐.
>
> 후배 · 하지만 여기서 그만해도 별문제는 없을 것 같은데요…….
>
> 나 · 잘 알지도 못하면서 멋대로 결정하지 마.

돌이켜보면 후배에 대한 배려가 부족했다고 생각합니다. 제가 회사를 다니던 시절에는 상사의 지시에 무조건 따라야 했고, 그것이 좋은 사원의 자세라고 믿었습니다. 그래서 일의 의미나 의의에 대한 질문을 받았을 때 무의식적으로 저의 신념이 부정당한 듯한 기분이 들어 초조함과 불안감에 휩싸였습니다.

그때 후배에게 이렇게 대답했다면 어땠을까요?

> 나 · 이 일이 의미 없다고 느끼는 거구나. 왜 그런지 말해줄 수 있을까?

(후배의 의견을 모두 들은 후 미소 지으며) 하고 싶은 말은 그게 다야? 그럼 일을 진행하면서 같이 그 의미를 한번 생각해볼까? (미소를 3초간 유지) 어때?

상대방의 의견이나 의문을 받아들이고 함께 해결책을 찾아가는 것이 신뢰 관계를 쌓는 첫걸음입니다.

웃는 얼굴로 긍정적인 대응을 하는 것이 상대방의 의욕을 이끌어내는 열쇠가 됩니다. 그것이 결과적으로 팀 전체의 생산성과 협력을 증진하는 데도 기여할 것입니다.

[템플릿 7] 재정의
의미가 불분명한 비판이나
괴롭힘에 맞서는 한마디

타인을 괴롭히는 사람들의 말은 때때로 너무 추상적이어서 무엇을 묻고 있는지 알 수 없습니다.

"더 효율적으로 할 수 없어?"
"보통 그런 건 안 해."

상대가 이런 말을 하면 어떻게 대응해야 할지 몰라서 곤란할 때가 많습니다.

여기서는 드라마 〈의붓 엄마와 딸의 블루스〉에서 아야세

하루카가 연기한 커리어우먼이 능숙하게 사용했던 기술을 소개합니다. 상대에게 자신이 했던 말을 다 정의해달라고 요청해서 자신의 페이스로 끌어들이는 방법입니다.

> 상대　일이 느려! 효율이 떨어지잖아!
> 나　죄송합니다. 그런데 어떤 '효율' 말인가요?

이렇게 구체적으로 어떤 의미인지 설명해달라는 식으로 유도합니다.

> 상대　그러니까 더 빠릿빠릿하게 끝내라는 거야.
> 나　빠릿빠릿? 구체적으로 어떻게 하라는 건지요?
> 상대　어쨌든 빨리 끝내면 되는 거야. 보통은 다들 그렇게 하지 않나?
> 나　'보통'이란 게 어떤 의미죠?

글로 읽으면 마치 상대방을 바보 취급하는 것처럼 보일 수도 있습니다.

하지만 실제로 해보면 매우 효과적으로 상대방의 공격에

맞설 수 있습니다.

이 접근 방법은 상대의 말이 추상적이고 애매모호할 때 특히 효과적입니다. 구체적인 내용을 요구해서 상대가 실제로 무엇을 원하는지, 어떤 상황을 이상적이라고 생각하는지를 명확히 알 수 있습니다.

불분명하고 추상적인 말로 공격하는 사람은 상대방이 긴장해서 적절하게 되받아치지 못하고 결국 사과할 수밖에 없다고 생각할 것입니다. 그들은 당신이 답변하지 못하도록 일부러 불명확한 요구를 하는 것입니다.

불명확한 표현에 대해 다시 물으면 상대는 구체적인 요구나 기대가 무엇인지 설명해야 하는 책임을 지게 됩니다.

이러한 공격에 익숙하지 않은 상대는 결국 "잔말 말고 시키는 대로 해!"와 같은 막말을 뱉고 물러서게 될 것입니다.

모호하고 추상적인 말에
구체적인 설명 유도하기

이 방법은 상대가 '더', '어쨌든'과 같이 정도를 나타내는 부사를 사용할 때 효과적입니다. 구체적인 행동이나 기대를 명시하지 않고 모호함을 증폭시키는 단어들을 사용하면 듣는 사람은 더욱 곤란해집니다.

꽤, 더, 훨씬, 매우, 대단히, 모두, 조금, 극히, 약간, 가장, 이제, 점점, 지극히, 한층

다만 우리도 이러한 단어를 사용할 때는 주의를 기울여야 합니다.

예를 들어 일을 하다 실수했을 때 "가능한 빨리 대응하겠습니다", "확실하게 확인하겠습니다"라고 말하면 상대는 "가능한이 뭐야! 구체적으로 말해!", "다음에 한다고? 지금 이미 피해를 끼치고 있잖아!", " 확실하게 확인했는데도 실수했잖아! 어떻게 할 거야?" 등의 말을 쏟아낼 수 있습니다.

따라서 숫자로 명확하게 표현하거나 구체적인 상황을 전달하는 것이 좋습니다.

"가능한 빨리 제출하겠습니다."

⇩

"내일 10시까지 제출하겠습니다."

"확실하게 확인하겠습니다."

⇩

"다음부터는 늘 메모하고 그날 중으로 내용을 확인하겠습니다."

설령 실수했더라도 정확한 숫자를 언급하며 구체적으로 표현하는 습관을 들이면 일을 진지하게 대하는 자세를 보여줄 수 있습니다. 이것은 나에 대한 평가를 높이는 데도 영향을 미치는 좋은 습관입니다.

짧지만 확실하게 되받아치기

지금까지 불쾌한 언어 공격에 대항하는 7가지 방법을 소개했습니다.

상대방이 비꼬는 말이나 악의적인 말을 할 때마다 어떻게 되받아칠지 생각하기란 쉬운 일이 아닙니다. 하지만 지금 소개한 7가지 템플릿을 활용하면 좀 더 쉽게 대응할 수 있습니다. 가장 적합한 방법을 선택해서 시도해보세요.

상대방의 공격에 말문이 막혀 입을 다물어버리는 일은

반드시 피해야 합니다.

언어 공격을 당했다면 짧은 말이라도 좋으니 되받아치는 것이 중요합니다. 완벽하게 되받아치지 않더라도 무엇이든 반응하는 것이 좋습니다.

할 말을 잃는 것이야말로 공격하는 상대가 가장 바라는 반응입니다.

하지만 장황하게 대응할 필요는 없습니다. 짧은 말로도 충분합니다. 말이 길어질수록 상대는 당신의 약점을 찾아내고 이런저런 요구가 늘어날 것입니다. 성가신 상대에게는 깊이 관여하지 말고 최소한의 대응이 최선입니다.

상대가 당신을 귀찮다고 느끼게 되면 공격 대상에서 제외할 것입니다.

대화는 간결하게, 반응은 확실하게

7가지 방법을 활용해서 어떤 상황에서든 침착하게 말해보세요. 그럼 어떤 공격이든 확실하게 대응할 수 있습니다.

"자신감은 준비된 상태에서 나온다.
준비가 되었다면, 당당하게 말할 수 있다."

아서 애시
Arthur Ashe

4장

한마디의 효과를 높여줄
목소리와 태도

자신감 있는
목소리만으로
나를 지킬 수 있다

사람들은 대부분 공격을 받으면 '뭐라고 되받아칠 것인가'에 초점을 맞춥니다. 그러다 보니 '어떻게 되받아칠 것인가'에 대해서는 깊이 생각하지 않습니다.

공격자가 대상을 고를 때 판단 기준 중 하나가 바로 목소리입니다.

자신감이 없고 쭈뼛대는 목소리로 말하는 사람은 공격해도 반격하지 않을 것 같다는 인상을 주어서 공격 대상이 되기 쉽습니다.

그들이 공격하는 이유는 단순합니다. 공격하기 쉬워 보

이기 때문입니다. 공격자는 그런 나약한 모습을 보이는 사람을 대상으로 선택하는 것입니다.

불안감과 긴장감을 숨기고 자신 있는 목소리를 내라

포커페이스는 포커 게임에서 상대방에게 감정을 읽히지 않도록 무표정을 유지하는 것을 말합니다. '포커 보이스' 역시 이와 같은 개념입니다.

목소리가 그 사람의 성격이나 심리, 자신감을 반영하는 거울이라는 점을 이해하고, 불안감이나 두려움을 목소리에 드러내지 않는 방법을 익혀야 합니다.

솔직한 목소리와 말투로 대화하면 당신의 심리 상태는 상대에게 고스란히 드러날 수 있습니다.

포커 보이스를 익히면 불안이나 두려움을 숨기고 상대방에게 자신감 있는 인상을 줄 수 있습니다. 자신의 진짜 감정과 사고를 상대에게 들키지 않으면서도 외부의 공격으로부터 자신을 지킬 수 있습니다.

포커 보이스란 감정을 겉으로 드러내지 않고 차분한 목

소리로 말하는 기술을 말합니다.

이 기술을 익히면 다양한 상황에서 소통하는 능력이 개선됩니다. 특히 직장 내 괴롭힘을 당했을 때, 불안이나 두려움, 초조함이 목소리에 드러나는 사람에게 포커 보이스는 매우 유용합니다.

· 여유 있게 말할 수 있다

포커 보이스를 익히면 침착함과 여유를 가지고 말할 수 있습니다. 이를 통해 스트레스가 많은 상황에서도 자신의 의견과 감정을 적절하게 표현할 수 있습니다.

· 자신감 있는 모습을 보여준다

감정을 제어할 수 있으면 아무리 위압적인 상대 앞에서도 자신감 있는 태도를 유지할 수 있습니다. 이로 인해 다른 사람이 자신을 깔보는 일이 줄어들고 존중받게 됩니다.

· 상대에게 위압감을 준다

차분한 목소리와 태도는 상대방에게 위압감을 주어 자신의 의견을 확실히 전달할 수 있습니다. 이는 특히 자기주장

만만하지 않은 한마디

을 해야 하는 상황에서 효과를 발휘합니다.

· 상대에게 휘둘리지 않는다

자신의 의견이나 입장을 침착하고 당당하게 표현하면 다른 사람의 말에 휘둘리거나 기세에 밀리지 않고, 대등한 입장에서 소통할 수 있습니다.

포커 보이스는 특히 직장 환경이나 인간관계에서 압박과 스트레스에 자주 직면하는 사람들에게 강력한 무기가 됩니다.

포커 보이스를 익히면 자신의 의견을 확실하게 상대방에게 전달하고 더 당당하고 적극적으로 자기주장을 할 수 있게 되어 직장과 개인 생활에서도 다양한 문제에 대처하는 힘을 키울 수 있습니다.

자신 있는 목소리를 만드는
2가지 자세

상대에게 무시당하지 않기 위해서는 대화할 때 2가지 분

위기를 자아내는 목소리가 필요합니다.

그것은 바로 '여유'와 '위압감'입니다.

· 여유

상대에게 공격받았을 때 '그 공격은 나에게 전혀 효과가 없어요', '아무렇지 않아요'라는 메시지를 전달하는 목소리입니다.

· 위압감

상대의 공격 욕구를 꺾어버리는 목소리입니다. '나는 당신의 공격을 받지 않습니다'라는 메시지를 줍니다.

말의 힘을
강화하는
목소리

15년 이상 보이스 트레이닝 전문가로 활동하고 있는 저에게 최근 들어 직장 내 괴롭힘 때문에 목소리를 잃은 사람들이 찾아오기 시작했습니다.

이들은 편안한 상황에서는 평소처럼 목소리를 낼 수 있지만 공격적인 사람이 앞에 나타나면 목소리가 떨리거나 기침이 멈추지 않는가 하면, 최악의 경우 목소리가 전혀 나오지 않을 때도 있다고 합니다.

병원의 진단 결과는 주로 '과긴장성 발성 장애'나 '경련성 발성 장애' 같은 것입니다. 이런 경우에 "목에 특별히 문제는 없고 스트레스가 원인입니다. 스트레스를 줄이세요"라는 조언 외에는 구체적인 치료법이 없습니다.

이들의 공통점은 목소리가 나오지 않을 때 로봇처럼 딱딱하고 힘겹게 말하려 한다는 점입니다. 하지만 그런 사람들도 입 모양을 바꿔서 부드럽게 말할 수 있습니다.

공격의 기세를 단번에
꺾을 수 있는 목소리

아나운서는 매우 엄격한 선발 과정을 통과한, 이른바 '호감도 천재'라고 할 수 있는 사람들입니다. 그들의 표정은 언제나 밝고, 웃는 얼굴로 우리를 매료시킵니다.

아나운서가 말할 때의 입 모양은 역삼각형으로, 윗니가 확실하게 보이는 모양입니다. 이러한 입 모양으로 말하면 눈꼬리가 자연스럽게 내려가고, 미소 짓는 듯한 표정이 만들어집니다. 상대뿐만 아니라 주위 사람들에게도 '여유'와 '자신감' 있는 표정을 짓는 것이죠.

한편 일상에서 공격해 오는 상대의 날카로운 말에 긴장하면 입을 작게 벌리고 작은 소리로 말합니다. 간신히 입을 벌려 말하기는 하지만 목소리가 떨리고 심지어 혀를 깨무는 경우도 있습니다.

그러나 아무리 긴장이나 공포에 사로잡혀 있다 해도 미소를 지으며 이야기하면 강해 보일 수 있습니다. 밝고 시원시원한 목소리를 들으면 에너지와 자신감이 느껴집니다. 누군가 공격적인 태도를 보이더라도 미소로 응수하면 공격의 기세가 꺾입니다.

밝게 울리는 목소리에는 자신감과 에너지가 담겨 있습니다. 이 목소리와 미소를 무기로 상대의 공격을 받아넘기고, 악의적인 날카로움을 무디게 만들 수 있습니다. 그러면 설령 마음속이 두려움과 긴장으로 가득해도 밖으로 드러나지 않습니다.

공격적인 말이나 의견에 직면했을 때 긴장이나 압박을 느끼지 않는 사람은 드물 것입니다. 심한 경우 얼굴이 굳어버려서 입술이 마음대로 움직이지 않을 때도 있습니다.

자신감이 있기 때문에 웃는 얼굴로 말할 수 있는 것이 아니라 웃는 얼굴로 말하면 자신감이 생깁니다.

표정과 마음 상태는 밀접하게 연결되어 있습니다. 밝은 표정으로 말하면 마음도 자연스럽게 긍정적인 방향으로 나

신뢰와 진지함을 보여주는 입 모양

아: 입은 가로로 벌리되 크게 벌리지 않고 '앗!' 하고 무언가
를 깨닫거나 가볍게 놀랄 때의 입 크기로 소리 낸다.

이: '아'의 입 크기에서 더 이상 옆으로 벌리지 않고 소리 낸
다. 입안의 공간은 좁아진다.

우: '이'의 입 모양에서 입술을 살짝 둥글게 해서 소리 낸다.

에: '아'와 똑같은 입 모양으로 자연스럽게 혀뿌리가 올라가
는 느낌으로 소리 낸다. 옆으로 크게 당기지 않는다.

오: '우'의 입 모양에서 아래턱을 아래로 내리는 느낌으로 소
리 낸다. '우'보다 입안의 공간은 넓어진다.

매일 1~2분 정도 반복해서 연습해보세요.

아갑니다.

대인 커뮤니케이션에서 입술의 움직임과 표정은 매우 중
요한 요소입니다. 이러한 요소를 의식적으로 제어하면 긴
장이나 불안을 극복하고 상대방에게 자신감 있는 인상을
주어 어떤 상황에서든 여유롭게 소통할 수 있습니다.

한편으로 아나운서들은 늘 웃는 얼굴로 이야기하지 않습
니다. 특히 뉴스를 읽을 때나 무거운 주제를 다룰 때는 '신

뢰'와 '진지함'을 느끼게 하는 표정을 지어야 합니다.

이때는 입을 세로로 크게 벌리거나 입꼬리를 옆으로 당기지 않습니다. 입을 크게 벌리지 않고 작게 벌려 소리를 내는 느낌입니다.

얼굴의 중심부와 가슴에 울림이 전달되는, 낮고 안정감 있는 목소리를 내기 쉽습니다. 이 방식으로 표정 없이 말하면 상대방에게 위압감을 줄 수 있습니다.

긴장된 상황에서도
떨리지 않는
목소리

    성가신 상대의 악의적인 언동에 대해 많은 사람들이 두려움을 느끼고, 심할 경우 목소리를 떨거나 말을 제대로 하지 못하기도 합니다.

    이럴 때는 혀에 문제가 발생합니다. 혀뿌리 부분이 경직되며 혀가 목구멍 방향으로 들어가는 '혀 막힘' 상태가 됩니다.

    한마디로 '목이 막힌 상태'인데, 이로 인해 기도가 제대로 열리지 않아 호흡이 얕아지고, 심장이 빠르게 뜁니다.

    이러한 산소 결핍 상태에서 심장이 두근거리는 것을 '나는 멘탈이 약해서 가슴이 두근거린다'고 잘못 해석합니다.

사실 이는 단순히 목이 열리지 않아 산소 부족으로 인한 두근거림에 불과합니다. 목이 열리면 긴장이나 두려움을 느껴도 확실하게 큰 목소리로 말할 수 있습니다.

어떤 상황에서도
차분하게 목소리를 내는 법

두려운 상황이나 긴장 상태에서도 목소리를 떨지 않고 확실하게 말할 수 있는 발성법이 있습니다. 이 트레이닝을 하면 목이 열리는 감각을 바로 터득할 수 있습니다.

'목이 열린다'는 것은 인후부가 내려가는 것을 말하는데, 쉽게 말해서 우리가 하품할 때를 생각하면 됩니다.

'하아아' 하고 힘차게 말하면 울려 퍼지는 큰 목소리가 나올 것입니다. 목이 열려서 안쪽에 공간이 생기는 감각을 느끼면 큰 목소리, 잘 들리는 목소리, 고음, 저음도 쉽게 낼 수 있습니다.

**긴장 상태에서도 목소리가 떨리지 않고
확실하게 말할 수 있는 발성법**

① 하품을 하면서 '후아아' 하고 소리 낸다. 이를 3회 반복한다.

② 하품의 감각을 잘 느끼지 못한다면 두 손바닥에 따뜻한 숨을 세게 '하아아!' 하고 내뿜어본다.

③ 하품을 하면서 다음의 문장을 소리 내어 읽어본다. 먼저 하품의 강도 100퍼센트로 읽어본다.

　"좋은 아침입니다!"

　"감사합니다!"

　"잘 부탁드립니다!"

④ 다음으로 하품의 강도 50퍼센트 정도로 읽어본다. 하품의 감각은 그대로 유지하고, 이전보다 명료하게 발음한다.

⑤ 하품의 강도 5퍼센트로 읽어본다.

⑥ 똑같이 하품의 강도를 100퍼센트로 유지한 채 더 또렷한 소리를 내서 읽어본다.

매일 1분 정도 연습해보세요.

소리의 폭력에
당당하게 맞서는 목소리

성가신 상대의 큰 소리나 고함에 어떻게 대응하면 좋을

까요? 많은 사람들은 멘탈을 강하게 단련해야 한다고 생각하지만, 사실 더 간단한 대처법이 있습니다.

그것은 자신이 언제든 큰 소리를 낼 수 있게 준비해두는 것입니다. 큰 목소리로 되받아칠 자신감이 있으면 강한 의지와 마음의 여유가 생깁니다.

평소에 작은 소리로 말하는 것은 상관없습니다. 왜냐하면 당신이 가장 편안하게 맞설 수 있는 상태이기 때문입니다. 하지만 긴급한 상황에서 상대에게 맞서려면 큰 목소리로 단호하게 되받아칠 수 있어야 합니다. 크고 힘 있는 소리를 내기 위해서는 횡격막을 사용해서 숨을 확실하게 뱉어내는 것이 필요합니다.

다만 작은 소리로 말하는 데 익숙해져버리면 횡격막의 움직임이 둔화되어 큰 목소리를 내기 어려워집니다.

'간단한 복식 발성법'은 횡격막을 효과적으로 자극하여 복식 발성을 쉽게 할 수 있도록 도와줍니다. 이를 통해 원하는 음량을 자유자재로 조절할 수 있습니다.

당당하게 맞서는 목소리를 만드는 '간단 복식 발성법'

① 한 손으로 가볍게 주먹을 쥐고 입 아래쪽에 놓고 숨을 들이 쉰다.

② 주먹 속으로 힘 있게 숨을 1초 정도 간격으로 '후! 후! 후! 후!' 네 번 내뱉고 다섯 번째는 '후우우!' 하고 길게 내뱉는다. 이때 횡격막 주변 근육(명치 부근)이 앞으로 밀려나는 것을 확인하면서 숨을 내뱉는다.

③ 풍선을 부풀리는 것처럼 3세트 반복한다. 실제로 풍선을 사용해도 좋다.

위압감과
울림이 있는 목소리

이번에는 심신을 건강하게 이끌면서 위압감이 느껴지는 목소리를 내는 '역복식 발성법'을 소개합니다.

비밀은 자율신경에 있습니다. 자율신경은 혈류를 조절하는 역할을 합니다. 혈류가 좋아지면 면역력도 좋아집니다.

자율신경은 '교감신경'과 '부교감신경'으로 나뉩니다. 교감신경은 혈관을 수축시키고 혈압을 높이는 작용을 하는데, 교감신경이 너무 우세하면 긴장이나 흥분 상태를 유발

할 수 있습니다. 반면 부교감신경이 우세하면 혈관을 이완시키고 혈압을 낮추는 역할을 해서 긴장이 풀어지는 것을 느낄 수 있습니다.

자율신경은 교감신경과 부교감신경의 균형이 중요합니다. 특히 공격받기 쉬운 사람은 긴장, 불안, 분노 등 스트레스가 많은 환경에서 교감신경이 우세하고 부교감신경의 수준이 낮은 경우가 많습니다.

이러한 상태에서는 마음이 편안할 수 없고, 늘 긴장하며 가슴이 두근거리게 됩니다.

'역복식 발성법'을 반복해서 연습하면 부교감신경이 우세한 상태를 만들 수 있습니다. 교감신경의 폭주를 억제하고 자율신경의 균형을 맞추는 것입니다.

이 상태에서는 불안하거나 위축되지 않고 '배짱이 두둑하고 울림 있는 목소리'를 낼 수 있기 때문에 불필요한 공격을 덜 받게 됩니다.

**위압감이 느껴지고 울림이 있는 목소리를 만드는
'역복식 발성법'**

① 단전(배꼽에서 손가락 세 마디 정도 아래) 위에 손을 올리고 코로 숨을 들이마시면서 배가 풍선처럼 부푸는 것을 느낀다. 마지막에는 가슴도 함께 끌어 올린다. 이를 3초간 진행한다.

② 숨을 코로 천천히 내쉬면서 배에 압력이 가해지는 것을 느끼며 '하—' 하고 5초간 배를 부풀린 채로 소리 낸다. 일반적으로 소리를 계속 내면 숨도 함께 내뱉기 때문에 자연스럽게 배가 들어가지만, 여기서는 배가 들어가지 않도록 복압을 높여 배를 부풀린 채 소리 내는 것이 핵심이다.

5초가 의외로 길게 느껴질 수 있습니다. 익숙해지면 소리 내는 시간을 10초, 15초로 늘려갑니다. 이것을 매일 1분 정도 꾸준히 연습해보세요.

자신의 감정이나
긴장을 숨기는 목소리

일상적으로 목소리를 사용하지 않으면 점점 소리를 내기 어려워집니다. 또한 다른 사람의 비판이나 평가에 민감해지면 말하는 것을 두려워하게 되어 목소리를 내는 기능이 더욱 약해집니다.

단순히 '말하는 것이 서툴다'는 문제뿐만 아니라 소리를 내는 능력 자체가 떨어지는 악순환에 빠지는 것입니다. 이 때 중요한 것은 악순환을 타파하는 것입니다.

커뮤니케이션을 두려워하지 않고 조금씩이라도 자신의 의견을 전달하는 습관을 들이면 점차 그 두려움은 옅어집니다.

이 책에서는 까다로운 상대나 힘든 상황에 맞서기 위한 커뮤니케이션 방법을 소개하고 있지만, 가장 중요한 것은 '마음가짐'입니다.

자신의 가치관이나 자신감이 커뮤니케이션의 질을 크게 좌우합니다.

물론 자신감을 갖는다는 것은 쉬운 일이 아닙니다. 하지만 목소리나 말하는 방식을 바꿔서 자신감 넘치는 사람으로 보일 수 있습니다. 타인의 시선이나 평가를 신경 쓰지 않고 자신의 의견을 당당하게 전달할 수 있는 것입니다.

겉으로 드러나는 자신감은 내면의 자신감으로 이어지고, 그로 인해 어떤 상황에서도 당당하게 커뮤니케이션할 수 있습니다.

어떤 말에도
흔들리지 않는
멘탈

지금까지 우리는 상대의 악의적인 말과 행동에 휘둘리지 않고 되받아치는 대화법과 커뮤니케이션 기술을 알아보았습니다.

평소에 이러한 기술을 익혀두면 어떤 상황에서도, 어떤 강한 상대 앞에서도 얕보이거나 지배당할 위험을 줄일 수 있습니다. 궁극적으로는 애초에 공격 대상이 되지 않는 데도 도움이 됩니다.

우리의 일상에는 아쉽게도 위와 같은 문제 행동을 반복하는 무리가 존재합니다. 그들은 자신의 악의를 들키지 않기 위해 당신을 교묘하게 조종하려고 합니다. 때로는 사기 집단이나 사이비 종교의 세뇌 수법과 비슷합니다.

상대가 이러한 수법을 사용하고 있다는 것을 알아차리면 무의식적으로 경고등이 켜지고 '뭔가 이상하다', '뭔가 수상하다'는 것을 감지하게 됩니다. 그것이 당신의 마음을 지키는 첫걸음이 될 수 있습니다.

일상생활을 하거나 업무를 할 때도 우리는 인간관계에서 벗어날 수 없습니다. 혼자 살아갈 수 없기 때문입니다. 더구나 서로의 이익을 최우선적으로 취하고자 하는 업무 현장에서는 미묘한 인간관계가 엄청난 영향을 미칩니다.

이러한 상황에서 자신의 입장을 지키고, 다른 사람에게 조종당하지 않으려면 적절한 마음가짐이나 심리학적 지식과 이해가 반드시 필요합니다.

이 장에서는 지금까지 배운 기술을 바탕으로 타인의 공격에 상처받지 않는 마음가짐과 심리에 초점을 맞춰보려 합니다.

이를 통해 다른 사람과의 커뮤니케이션을 더 적절하게 제어하고 건강한 인간관계를 쌓아갈 수 있습니다.

모든 사람에게 '좋은 사람'이 될 필요는 없다

당신에게는 '모든 사람을 사랑하지 않아도 되는 자유'가 있습니다. 또한 '당신에게 상처 주는 사람에게 무관심하고 상대하지 않아도 되는 자유'도 있습니다.

많은 사람들은 다른 사람에게 미움받지 않으려고 노력하고, 가능한 많은 사람들에게 호감을 얻으려고 합니다. 하지만 이것이 도를 넘으면 자신을 옥죄고 마음의 자유를 빼앗기게 됩니다.

우리는 어릴 때부터 다른 사람에게 폐를 끼치지 말고 친절하게 행동하라고 교육받아 왔습니다.

만만하지 않은 한마디

다른 사람이 친절을 베풀면 보답하는 것이 예의라고 인식하고 있습니다. 하지만 당신의 성실성은 때로는 이용당할 위험이 있습니다.

예를 들어 어떤 가게에서 무료 샘플을 받았을 때 무언가 보답을 해야겠다고 느끼는 것은 상호성의 원칙이 작용하기 때문입니다. 하지만 여기에 과도하게 반응할 필요는 없습니다. 서비스 물품을 받았다고 해서 무언가를 구매할 의무는 없습니다.

직장 내 괴롭힘을 가하는 사람들은 처음에는 당신에게 호의를 베풀어서 신뢰를 얻으려고 합니다. 그런 다음 보답을 바라며 부당한 요구를 하는 것입니다.

상호성의 원칙에 얽매이면 당신은 상대에게 뭔가 보답해야 한다는 생각에 사로잡히고, 결국 상대에게 계속 조종당하게 됩니다.

모든 사람에게 '좋은 사람'이 될 필요는 없습니다.

자신의 가치를 소중히 여기고, 내 마음이 편한 범위 내에서 인간관계를 쌓아야 합니다. 다른 사람의 부당한 요구에는 적절히 거리를 두고, 자신을 지키는 것이 중요합니다.

남에게 휘둘리지 않는
내가 되기 위한
마음 연습 5가지

타인의 말이나 행동에 휘둘리지 않는 마음가짐을 얻기 위한 첫걸음은 자신의 마음과 마주하고, 자신이 가치 있는 사람이라고 믿는 것입니다. 지금까지 살아온 과거도 온전히 받아들이고, 현재의 자신을 무조건 받아들이는 것이 중요합니다.

자신의 마음과 마주하는 연습을 매일 꾸준히 실천하면, 타인에게 휘둘리지 않는 내가 될 수 있습니다. 가벼운 마음으로 할 수 있는 것부터 시도해보세요.

만만하지 않은 한마디

하루 5분
마음챙김 명상

1단계 바쁜 하루 속에서 5분에서 10분 정도 평온한 시간을 찾아봅니다. 조용한 곳에 앉아 눈을 감은 채 모든 잡념을 몰아내고 명상에 집중합니다.

2단계 심호흡을 세 번 하고 몸의 긴장을 풀어줍니다. 그런 다음 자연스러운 호흡으로 돌아가서 들숨과 날숨에 주의를 기울입니다.

3단계 잡념이 떠오르면 억지로 떨쳐내지 말고 인식하면서 다시 호흡에 집중합니다. 이 과정을 명상이 끝날 때까지 반복합니다.

4단계 5분에서 10분 후 천천히 눈을 뜨고 천천히 일상의 활동으로 돌아갑니다.

효과와 지표

한 달간 꾸준히 실천하면 불안이나 스트레스 감소, 집중력 향상, 정신적인 평온을 느낄 수 있습니다.

하루 500자,
30일간 감사 일기

1단계   매일 밤, 잠들기 전에 그날 하루를 돌아보고 감사한 점 3가지를 노트에 적어봅니다.

2단계   각 항목에 대해 50~100자 정도로 왜 감사한지를 적어봅니다.

3단계   감사의 일기를 30일간 지속합니다.

효과와 지표

2주 정도 꾸준히 실천하면 행복감이 향상되고 긍정적인 기분이 지속되는 것을 실감할 수 있습니다.

자기긍정 문구
소리 내어 읽기

1단계   자신에게 의미 있는 긍정적인 말이나 문구 5가지를 생각해봅니다. 이를테면 다음과 같습니다.

"나는 나를 완전하게 받아들이고 사랑합니다."

"나의 행복은 타인의 의견에 좌우되지 않습니다."

만만하지 않은 한마디

"나는 곤란을 극복하고 강해질 수 있습니다."

"나는 내 삶을 적극적으로 창조하고 성공으로 이끕니다."

"나는 주변 사람들에게 긍정적인 영향을 주고 서로 지지하며 성장합니다."

2단계 아침에 일어났을 때와 잠들기 전 자기긍정 문구를 소리 내어 읽습니다. 거울 앞에서 자신의 눈을 바라보면서 읽으면 더욱 효과적입니다.

3단계 이것을 30일간 지속하고, 자기긍정감이 어떻게 변화하는지 주의를 기울입니다.

효과와 지표

한 달 후에는 자기긍정감이 향상되고, 곤란한 상황에 대처하는 능력이 강해졌음을 느낄 수 있습니다.

이 방법들을 매일 꾸준히 실천하면 정신적으로 강해져서 타인의 말이나 행동에 좌우되지 않고 자기중심적으로 살아갈 수 있습니다. 궁극적으로는 마음이 평온해지고 생활의 질이 점차 향상될 것입니다.

자기비판에서
해방되기

괴롭힘을 당했는데도 '이런 내가 비난을 당하는 것은 당연하다'고 생각하는 사람들이 있습니다. 상대에게 무시당하거나 비난을 받고는 자신이 다른 사람에게 피해를 주거나 문제를 일으킨 것 같다고 자책하다 보면 한없이 우울해집니다.

공격하는 상대에게 당당히 맞서기 위해서는 이러한 자기비판에서 벗어나는 것이 무엇보다 중요합니다. 자기비판은 보통 어릴 적의 트라우마와 죄책감에서 비롯되는 경우가 많습니다. 따라서 과거의 기억에서 벗어나는 것부터 시작해야 합니다.

우선 '내가 잘못했기 때문에 문제가 생겼다'고 느꼈던 어릴 적 경험을 한 가지 떠올려보세요. 여기서는 한 여학생의 사례를 예로 들어 설명해볼게요. 순서대로 따라 해보세요.

① 당신 안에 있는 그 경험을 하나의 영화라고 상상하고 영화관에서 상영되는 이미지를 떠올려보세요.
② 당신이 다른 사람에게 폐를 끼쳤다고 생각하는 장면

이 화면에 나타났습니다.

③ 부모님의 사이가 너무 나빠서 자주 싸우고, 어린 당신이 중재하는 장면이 나타납니다.

④ 어머니가 당신에게 "사실 나는 이혼하고 싶지만 너희들 때문에 참는 거야"라고 말합니다.

⑤ 영화는 무성 흑백영화로, 대사는 자막으로 나온다고 상상해주세요.

⑥ 이 이미지 트레이닝에서 당신은 그 장면을 당사자가 아닌 제삼자의 관객 시점에서 봅니다.

⑦ 영화를 다 본 후 스스로에게 '이 영화를 보고 당시의 내가 마음에 품고 있었던 것, 하고 싶었던 말은 무엇이었을까?'라고 물어봅니다.

⑧ "그렇게 싸움만 할 거면 당장 이혼해! 내 탓으로 돌리는 건 이제 그만둬!", "뭐든 나 때문이라고 하니까, 나는 늘 내 탓을 하느라 힘들었어!"라고 눈물을 흘리며 말합니다.

그녀가 지금까지 입 밖으로 내지 못했던 말을 할 수 있었던 것은 마음에 큰 변화가 일어났기 때문입니다. '나는

잘못이 없어. 나는 부모님의 이혼을 방해하는 존재가 아니…….'

"내 탓으로 돌리지 마!"라는 한마디는 고통을 느끼고 있는 어머니에게는 절대 할 수 없었던 말이었습니다.

어머니를 슬프게 하고 싶지 않다는 마음이 컸지만, "내 탓은 하지 말아줘!"라는 딜레마 때문에 '내가 잘못했다'는 생각을 계속 갖고 있었습니다.

'내가 잘못했다'는 것을 전제로 인생을 살아왔기 때문에 괴롭힘을 당하고 비난받는 것도 어쩔 수 없다고 포기하고 있었습니다.

이제는 어머니와 사이좋게 지내고, 그때 하지 못했던 말도 웃으며 할 수 있게 되었습니다.

그 당시 어머니는 나름의 고민 끝에 이혼하지 않았고, 아이들을 절대 불행하게 만들고 싶지 않았습니다. 적어도 아이들이 금전적인 문제로 불안을 느끼지 않길 바랐다고 합니다. 결국 아이들을 대학까지 보낸 다음에 부모님은 이혼했고, 지금은 행복하게 지내고 있습니다.

솔직한 마음을 알아차리면 자신의 감각과 현실이 일치되고, 마음 깊은 곳에서 계속 모호했던 감정이 해소되어 과거를 정리할 수 있습니다.

과거와 현재를 명확하게 구분하고 인식하면 작은 자극에도 트라우마나 죄책감을 느끼는 일이 줄어듭니다.

나는 불완전한
존재임을 깨닫기

"자신감을 가지려면 어떻게 해야 하나요?"

"선생님은 정신적인 강인함을 유지하기 위해 어떤 것들을 하시나요?"

이런 질문을 자주 받는데, 저는 이렇게 대답합니다.

"저는 저를 '최악의 인간'이라고 생각합니다."

저의 대답을 듣고 많은 사람들은 놀란 표정을 짓습니다. 그 이유를 설명해보겠습니다.

자신을 '최악의 인간'이라고 생각하면 이미 자신이 최하위에 있다고 자리매김하기 때문에 그보다 더 아래로 떨어질 수 없습니다.

그래서 다른 사람에게 부정당해도 "맞습니다. 그런데 그게 뭐가 문제인가요?"라고 자신을 지키는 사고방식이 생기고 분노나 실망을 느끼지 않게 됩니다. '최악'이라고 해도 그것은 이미 자명한 사실이기 때문에 어떤 충격도 받지 않는 것입니다.

하지만 이런 사고방식에 반대하는 의견도 있습니다. '나를 부정하는 말을 그대로 믿어버리면 자존감이 생길 수 없다'는 것입니다.

다른 사람이 나를 부정적으로 낙인찍는 것을 받아들이는 것이 아닙니다. 나 스스로를 '불완전한 존재'라고 인정하는 것입니다.

타인의 평가에 좌우되지 않고 스스로를 최하위로 낙인찍어 버리면 다른 사람의 무의미한 비판도 가볍게 무시할 수 있습니다.

커뮤니케이션 트레이너가 되기 전에 저는 다른 사람들이 즐기는 동안에도 혼자 열심히 노력했지만 인정받지 못해 좌절감에 사로잡혀 있었습니다. 노력의 결과를 칭찬받고 싶다는 기대가 너무 컸기에 그것이 충족되지 않으면 불만과 짜증만 쌓여갔습니다.

어느 날 느닷없이 꿈속에서 입시학원에 다니던 시절 현대문학 선생님이 가르쳐주셨던 나쓰메 소세키의 '즉천거사

(則天去私)'라는 개념이 떠올랐습니다.

'즉천거사'란 단순히 '자아를 버린다'는 의미가 아니라, '우주와 자연의 이치에 순응하며 사욕과 집착을 버리는 용기'를 의미합니다.

이 말은 다양하게 해석될 수 있지만, 저는 사회적 가치관에 부합하는 사람이 되려고 지나치게 애쓰고 있었다는 사실을 깨달았습니다.

그동안 저는 자신감이란 성공 경험이나 많은 성과를 통해서만 얻을 수 있는 것이라고 생각했습니다. 하지만 '즉천거사'라는 개념을 접하고 처음으로 진정한 자아를 마주할 용기가 생겼습니다.

그 순간 저는 스스로가 얼마나 '불완전한' 존재인지를 깊이 받아들이고, 그로부터 해방되는 것을 느꼈습니다. 오랫동안 쌓여 있던 스트레스가 해소되었고, 자연스럽게 눈물이 흘렀습니다.

자신이 불완전한 존재임을 깨닫고, 사회적 기대에 부응하고자 하는 구속에서 벗어나기 위한 연습을 해보세요.

나를 온전히 받아들이고
외부의 구속에서 벗어나기

1단계   먼저 타인에게 받은 부정적인 피드백이나 비판, 빈정거림 등 살면서 들었던 모든 부정적인 의견을 적어봅니다. (15분)

2단계   긍정적인 면, 즉 타인에게 칭찬받은 내용이나 긍정적인 평가를 작성합니다. (15분)

3단계   부정적인 의견과 긍정적인 의견을 소리 내어 읽고 각각 녹음합니다. 그런 다음 재생하면서 스스로에 대한 각각의 코멘트를 받아들이는 과정을 체험합니다. 예를 들어 '일이 느리다'는 피드백을 들었다면 '확실히 일이 느리다'고 자신을 인정합니다. 이 과정은 긍정적인 코멘트에 대해서도 동일하게 진행합니다.

이 방법을 실천하면 놀랍게도 타인의 비판이나 부정적인 평가, 심지어 괴롭힘에 대해서도 마음이 흔들리지 않게 됩니다.

'그럴지도 몰라. 그래서 어쩌라고?'라는 여유로운 마음에서 나오는 차분함과 자기 수용 덕분입니다.

나의 강점과 약점, 그리고 완벽하지 않은 부분까지 모두 받아들이면 타인의 말에 휘둘리지 않고 내면의 평온을 유지할 수 있습니다.

간단하면서도 강력한 방법을 통해 자신과 타인의 평가를 새로운 관점으로 바라보고 마음의 안정을 더 깊이 다질 수 있습니다.

이 접근법의 장점은 자신의 결점을 받아들이는 과정에서 동시에 타인의 칭찬과 긍정적인 평가도 솔직하게 받아들일 수 있다는 것입니다.

결과적으로 타인의 말에 상처받지 않고 자기긍정감을 높이며 내면의 안정을 얻을 수 있습니다.

—

좋은 사람은 아니지만
적이 되지 않는
대화의 기술

저는 과거에 다양한 형태의 공격을 받으며 많은 시련을 겪었고, 그 과정에서 심리학적 접근법이 얼마나 효과적인 지를 몸소 체험했습니다.

과거에 경험한 따돌림이나 각종 괴롭힘을 통해 단순히 말로 응수하는 것만으로는 상황이 나아지지 않는다는 것을 통감했습니다. 무시하거나 거리를 두는 방법도 시도해보았 지만, 근본적으로 해결되지는 않았습니다. 다른 환경에 놓 였을 때 유사한 일이 반복되는 고통을 경험했죠.

냉혹한 인간 사회에서 살아남기 위해 필요한 것은 영리

하게 자신을 보호하는 기술입니다.

그 일환으로, 상대의 심리를 꿰뚫는 심리학적 접근법을 바탕으로 적절히 대응하기 위한 전략을 담았습니다.

스트레스가 쌓이지 않고 다른 사람의 공격으로부터 자신을 지킬 수 있는 구체적인 방법을 제안하고, 때로는 적대자를 아군으로 바꾸는 커뮤니케이션 기술도 다뤘습니다.

마지막에는 나 자신을 바꿔서 공격을 받아도 흔들리지 않는 강인한 내면을 구축하는 방법에 초점을 맞췄습니다.

이 책이 강인한 마음을 키우고, 더 건강한 인간관계를 구축하는 데 기여할 수 있다면 그보다 더 큰 기쁨은 없을 것입니다.

앞으로도 인간관계를 원만하게 풀어가는 화법과 심리학에 관한 탐구는 계속될 것입니다.

쓰카사 타쿠야

만만하지 않은 한마디

초판 1쇄 인쇄 2025년 2월 10일
초판 1쇄 발행 2025년 2월 15일

지은이 쓰카사 타쿠야
옮긴이 김슬기
편집 이원주
디자인 이다오
마케팅 신용천
물류 책글터
펴낸곳 시옷책방
등록 2020. 3. 10 제2020-000064호
주소 서울시 마포구 동교로 75
전화 02-332-3130
팩스 0502-313-6757
전자우편 million0313@naver.com
블로그 https://blog.naver.com/millionbook03
인스타그램 https://www.instagram.com/millionpublisher_/
ISBN 979-11-91777-92-5 03190
정가 18,500원